江西财经大学东亿学术论丛·第一辑

时间序列经济计量分析中的小波技术及其应用

涂雄苓　著

Wavelet Methods and Application for Time Series Econometrics

本书得到国家自然科学基金项目：经济变量因果性的多时间尺度效应及因果推断（项目编号：71161011）资助。

图书在版编目（CIP）数据

时间序列经济计量分析中的小波技术及其应用／涂雄苓著. —北京：经济管理出版社，2019.10

ISBN 978-7-5096-5066-0

Ⅰ.①时… Ⅱ.①涂… Ⅲ.①小波理论—应用—时间—序列分析—经济计量分析—研究 Ⅳ.①F224.0

中国版本图书馆 CIP 数据核字（2019）第 233220 号

组稿编辑：王光艳
责任编辑：李红贤
责任印制：黄章平
责任校对：陈晓霞

出版发行：经济管理出版社
（北京市海淀区北蜂窝 8 号中雅大厦 A 座 11 层　100038）
网　　址：www. E-mp. com. cn
电　　话：（010）51915602
印　　刷：三河市延风印装有限公司
经　　销：新华书店
开　　本：720mm×1000mm／16
印　　张：10.75
字　　数：177 千字
版　　次：2020 年 5 月第 1 版　　2020 年 5 月第 1 次印刷
书　　号：ISBN 978-7-5096-5066-0
定　　价：68.00 元

江西财经大学东亿论丛·第一辑

编委会

总　序

江西财经大学统计学院源于 1923 年成立的江西省立商业学校会统科。统计学专业是学校传统优势专业，拥有包括学士、硕士（含专硕）、博士和博士后流动站的完整学科平台。数量经济学是我校应用经济学下的一个二级学科，拥有硕士、博士和博士后流动站等学科平台。

江西财经大学统计学科是全国规模较大、发展较快的统计学科之一。1978 年、1985 年统计专业分别取得本科、硕士办学权；1997 年、2001 年、2006 年统计学科连续三次被评为省级重点学科；2002 年统计学专业被评为江西省品牌专业；2006 年统计学硕士点被评为江西省示范性硕士点，是江西省第二批研究生教育创新基地。2011 年，江西财经大学统计学院成为我国首批江西省唯一的统计学一级学科博士点授予单位；2012 年，学院获批江西省首个统计学博士后流动站。2017 年，统计学科成功入选“江西省一流学科（成长学科）”；在教育部第四轮学科评估中被评为“A-”等级，进入全国前 10%行列。目前，统计学科是江西省高校统计学科联盟盟主单位，已形成研究生教育为先导、本科教育为主体、国际化合作办学为补充的发展格局。

我们推出这套系列丛书的目的，就是想展现江西财经大学统计学院发展的突出成果，呈现统计学科的前沿理论和方法。之所以以“东亿”冠名，主要是以此感谢高素梅校友及所在的东亿国际传媒给予统计学院的大力支持，在学院发展的关键时期，高素梅校友义无反顾地为我们提供了无私的帮助。丛书崇尚学术精神，坚持专业视角，客观务实，兼具科学研究性、实际应用性、参考指导性，希望能给读者以启发和帮助。

丛书的研究成果或结论属个人或研究团队观点，不代表单位或官方结论。如若书中存在不足之处，恳请读者批评指正。

编委会

2019 年 6 月

前　言

时间序列计量分析源于人们认识到人类的经济活动均是在一定的时空条件下进行的，并受社会、经济、文化等因素的共同影响，从而使外在的经济现象在时间维度上通常会呈现出前后相关的特征。如何科学地刻画或逼近经济现象在时间维度上的这类动态关系或规律，并建立模型以满足经济预测与决策等其他管理实践的需要，构成时间序列经济计量的核心目标。自 1970 年 *Time Series Analysis*：*Forecasting and Control* 出版以来，时间序列经济计量分析的理论与应用研究都有长足的发展。特别值得关注的是，诸如非平稳的单位根过程、协整过程、异质性及随机异方差模型等的一些理论自 20 世纪 80 年代初不断兴起，在很大程度上改变了传统时间序列经济计量学的理论与方法。平稳时间序列不再是经济计量学研究的唯一对象，非平稳时间序列也不再是不可涉足的领域，特别是其中的 $I(1)$ 和 $I(2)$ 过程与协整过程已成为研究的主要对象，它们已经在经济和金融领域得到广泛的应用。

然而，目前绝大多数时间序列经济计量分析都是在时域内展开的，其中包括计量模型的构建、估计、检验。此外，时域分析与频域分析似乎被割裂开来，分别在两条轨道上独立发展，通常两域内分析所获得的阶段性结果并未有机结合起来，从而大大削减了结果的完整性。实际上现已证明，在频域内也能构造出许多有价值的统计量，用于经济计量模型的估计或检验，并且较时域分析具有更好的统计性质。小波分析作为一门新兴的数学理论和方法，它在时域和频域上均具有良好的分辨。它的应用能使时间序列分析在时域和频域都达到了良好的局部化效果，为洞察时间序列的动态提供了一个全新的视角与工具。

本书在深度把握小波分析、时间序列分析理论和总结前人研究经验的基础上，综合运用统计学、概率论与数理统计和金融计量学等学科的相关知识，将小波分析在时频两域的分析优势嵌入现有的时间序列分析理论中，拓展和丰富非平稳时间序列分析方法的理论研究和应用研究。具体来说，本书的贡献主要包括以下三个大的方面：

第一，在单位根检验的方法论方面。首先，在敏锐察觉原序列的样本方差与其小波系数系列、尺度系数系列的样本方差之间耦合机制在原假设（存在单位根）与备择假设（不存在单位根）下存在差异的基础上，在小波域内构造了一个新的检验统计量 TXL_1，用于检验带漂移项的单位根过程，在检验统计量的构造策略与检验对象范围拓展了 Fan 和 Gençay（2010）的检验方法。其次，对检验统计量 TXL_1 在原假设和备择假设下的大样本性质进行了完全的证明、推导结果表明检验统计量 TXL_1 在原假设下，其极限分布收敛到两个独立标准维纳过程的随机泛函，而在备择假设下检验统计量 TXL_1 依概率收敛到质点 0，这一优良的性质对保障检验统计量 TXL_1 具有高检验势非常有益。另外，考虑到应用实践中仅能掌握有限样本数据资料的现实情况，通过 Monte Carlo 实验研究了检验统计量 TXL_1 在有限样本条件下的检验势与检验水平。Monte Carlo 实验结果显示，检验统计量 TXL_1 在有限样本条件下虽出现一定的检验水平扭曲，但具有极高的检验势。最后，在构造检验统计量和证明其大样本性质的过程中，以两个新的引理形式拓展了随机游走的其他收敛性质，并给予详细的证明，这些性质对非平稳时间序列的其他研究具有潜在的价值。

第二，在协整检验的方法论方面。首先，充分论证了若要在 EG 两步法的框架下进行小波域协整检验，那么在对潜在协整模型初始估计时应考虑含截距项的回归模型，而对残差平稳性检验时应考虑不带漂移项的随机游走的自回归模型。其次，为了实现小波域协整检验，开发了一个用于检验不带漂移项的单位根检验的统计量 TXL_1^*，同时推导了其大样本性质。借鉴 Dickey 和 Fuller（1979）、Phillips 和 Perron（1988）的直接模拟法策略，通过大量的随机模拟，给出了检验统计量 TXL_1^* 应用于伪协整回归时检验的临界值。设计了 6 个随机试验，研究检验统计量 TXL_1^* 在协整检验时的具体表现，结果显示检验统计量 TXL_1^* 的检验水平扭曲度低，以及样本容量超过 500 时其检验势较高的特点。最后，通过实际案例的研究，验证了检验统计量 TXL_1^* 在协整检验的有效性，并为我国黄金市场与国际黄金市场存在长期均衡关系提供经验证据。

第三，在小波域隐马尔可夫模型及其应用方面。出于对以下事实的认识：股票市场中广泛存在短线投资者根据长线投资者的交易行为而执行相应交易的跟庄现象，长线和短线交易分别与不同的时间尺度相关联；经典的时间序列分析方法往往在单一时间尺度条件下展开，无法有效地探索不同时间尺度的股票交易行为间的内存关联。由此，本书引入小波域隐马尔可夫树模型，以我国股市 5 分钟的高频交易数据为素材，研究了股市波动信息沿时间尺度流动的统计性质。结果表明，波动信息在传导过程中表现出如下显著的非对称性：大尺度的低波动状态以大概率引发小尺度上的低波动状态，但大尺度的高波动状态只以相对小的概率诱发小尺度的高波动状态，并对这一结果的政策意义进行了解释。

目　录

第❶章
绪论

1.1 研究背景与意义

1.1.1 研究背景

在过去的几十年内，经济计量在各个领域中都获得了许多重要的进展。这不仅使经济计量学本身成为一门日益重要的学科，也促使其在现代经济学和现代金融学中发挥着越来越显著的作用。如今很多研究经济学或经济计量学的学者往往主动或被动地加冕宏观经济计量学家、微观经济计量学家等的头衔，由此可见，经济计量与现代经济学已不可分割。

经济计量实践通常面临三类不同类型的数据——时间序列数据、截面数据以及面板数据，由此根据不同的数据结构发展了不同类型的计量模型与方法。时间序列计量分析关键是使人们认识到人类的社会活动均是在一定的时空条件下进行的，由于社会、经济、文化等因素的影响，导致经济现象在时间维度上通常呈现出前后相关的特征。如何科学地刻画或逼近经济现象在时间维度上的这类动态关系或规律，并满足经济预测与决策等其他管理实践的需要，构成时间序列经济计量的核心目标。

自 1970 年 Box G. E. P. 和 Jenkins G. M. 的奠基之作 *Time Series Analysis: Forecasting and Control* 问世以来，时间序列经济计量分析的理论与实践都有了长足的发展。特别值得关注的是，诸如非平稳的单位根过程、协整过程、异质性及随机异方差模型等的一些主要理论自 20 世纪 80 年代初不断兴起，传统时间序列计量经济学的理论和方法在很大程度上发生了变化。平稳时间序列计量经济学的研究已不再是唯一的研究目标，非平稳时间序列也可以涉及，特别是在处理协整过程中，一阶单整、二阶单整已成为热点问题，在各个领域都有应用。

时间序列分析分为时域分析和频域分析两部分。时域分析是对动态数据在时域中的平均值进行分析研究；频域分析是对序列做傅立叶变换，频谱分析是在频域中进行的。其基本思想是时间序列是周期（频率）相关分量的叠加。通过研究和比较各分量的周期，充分揭示了时间序列的频率结构和波动特性。因此，时域方法不能与频域方法的优点相匹配。这两种方法并不矛盾。由于用一方面描述的数据特征也可由另一方面描述。一些序列在时域中描述更简单，而另一些在频域中描述更简单。

也许出于直观、政策解释等原因，目前绝大多数时间序列计量经济都是在时域内开展具体研究，其中包括计量模型的构建、估计、检验。例如，单位根时间序列检验的几种方法，DF 检验、ADF 检验和 PP 检验等均是在时域内进行的。从检索的相关文献分布情况可知，相对于时域分析，频域分析所占的份额微乎其微。同时，时域分析与频域分析似乎被割裂开来，分别在两条轨道上独立前行，通常两域内分析所获得的阶段性结果并未有机结合起来，从而大大削减了结果的完整性。实际上，在频域内也能构造出许多有价值的统计量，用于经济计量模型的检验，并且有时具备较时域分析更好的统计性质。例如，Choi 和 Phillips（1993）针对单位根过程的检验，在频域内发展一个基于谱分析的检验方法，并且展示了这一方法相对于传统时域方法的许多优点；Breitung 和 Candelon（2006）为了检验经济变量间的长期和短期因果关系，也在频域内构造了一个简单易行的检验方法；Chen 和 Hsu（2014）同样是在频域分析框架内提出了一个似然比检验方法，用于检验时间序列的平稳性；Chambers、Ercolani 和 Taylor（2010）基于谱回归分析估计提出了用于检验季节单位根过程的方法，同时这一方法能很好地利用非参数手段处理传统检验方法难以回避的序列相关问题。当然，利用频域分析解决时间序列经济计量模型的案例仍有不少。这里只想说明一个事实，频域分析与时域分析一样在时间序列经济计量中具有理论与实践价值。

至此，好奇的人们自然也思索这样一些问题，即能不能将时域分析与频域分析有机地结合起来？现实中存不存在能将两者衔接起来、在统一的框架下用于经济计量分析的某一类技术手段？答案是肯定的。其实这些问题，统计学家和经济计量学家早有思考，只是相关的研究举步维艰。如为了解决先前全局谱分析在时域上无分辨的问题，Gabor（1946）提出了局部谱分析或加窗谱分析，但是这样一来，又受到如何合理地选择窗宽和窗函数的困扰。直到20世纪80年代小波分析的提出，时频两域的结合分析才能得到很好的解决，根本性的原因在于小波分析的优良性质。与傅立叶分析相比，它具有良好的时域和频域的分辨率，这使时间序列在时间域和频率域分析局部效果好，为洞察时间序列的动态提供了一个全新的视角与工具。

小波分析作为一门新兴的数学理论和方法，最早被应用于地质勘探、信号处理。随后在经济学和金融学等各个领域得到了广泛应用。Ramsey和Zhang（1995）结合加窗Fourier变换和小波分析，分析美元和日元汇率的时间序列在时间域和频率域取得了良好的局部效果。Gençay、Selçuk和Whitcher（2002）将小波分析应用于外汇波动率的估计，结果表明，小波分析可以提高系统的风险估计在时间尺度上的准确性。尽管如此，小波分析在经济和金融领域得到应用仅有20年左右的时间，号称“经济学小波分析之父”的Ramsey在*Wavelets in Economics and Finance：Past and Future*一文中幽默地指出，小波即“未来的波”，其足以说明小波技术在经济计量尤其是时间序列分析中有着广泛的前景。这也正是本书的基本出发点，期望加强小波技术在经济计量领域的研究，并做出一些有益的补充和完善。

1.1.2 研究意义

构建科学、可行的经济计量模型描述现实中的客观经济规律是经济计量学者的重要目标，而利用规律来制定或选择恰当的调控政策又构成管理部门的重要任务，因此揭示经济、金融规律是制定科学调控政策的重要支撑。经济规律主要涉及单个经济变量动态变化的规律与多个经济变量相互之间的关系。时间序列计量学就是以研究经济变量变化的动态机制与多个经济变量之间的数量关系为使命。因此，从方法论本身来说，时间序列计量学是计量经济学的一个重要分支方向，在经济、金融研究与管理的实践中具有重要的应用价值。

（1）理论意义。传统的时间序列计量经济学理论主要是针对平稳时间序列数据建模分析，而经济理论分析与实证分析发现许多经济、金融变量具有非平稳性质，因此传统的时间序列分析理论将不再适用。那么，非平稳时间序列的建模与分析是现代时间序列计量分析的一个重要发展方向。本书致力于将小波分析这一新兴技术嵌入时间序列计量经济学理论中，应用小波分析技术对单位根过程检验和协整检验加以研究，将之前大多仅在时域内进行检验的方法延伸到时频两域空间，丰富单位根过程与协整过程检验的技术体系。

（2）现实意义。随着现代经济调控和金融监管系统复杂程度的提高，经济、金融变量时间序列所含有的信息更加丰富、隐蔽和复杂，广泛具有非线性、时变性、多尺度性和不确定性等性质。传统的经济计量方法在此受到了很大的限制。而小波分析方法因同时具备时频两域局部化的“显微镜”特征，可从时域和频域两个空间，对经济、金融时间序列数据进行分解和重构，将有利于人们深入洞察经济、金融现象，挖掘经济时间序列所隐含的内在信息，为其做出准确预测提供重要的技术支持。目前，应用小波分析加强经济、金融领域的实证研究工作虽然发展迅速，但相对份额并不多，在中国尤为明显。本书将在广度和深度上拓宽小波分析技术在经济、金融领域的应用，期待为现代经济管理和金融监管提供更多有力的决策证据。

1.2 经济计量分析中的小波分析研究综述

1.2.1 理论研究

过去经济计量分析者出于简化问题的目的，通常将待分析的经济、金融时间序列假定为平稳的，然而后来的研究发现这一假定并不总与经济实际相吻合。因为许多的宏观经济变量现已被证明具有非平稳性，如一国的GDP、GNP、利率、汇率或资产价格等序列是非平稳的，可以说非平稳的过程在经济、金融领域普遍存在。在传统的ARMA模型框架中，一个常见处理办法就是差分，但是差分处理有时未必能使非平稳序列变得平稳，同时差分变换又不可避免地会使时间序列的长期动态信息缺失。而小波变换

在处理非平稳序列时有明显的优势。例如在物理与工程方面[①]，随机信号在时间—频率结构的突变特性，可以非常清晰地反映在随时间变化的频谱图上而并非可变的协方差上。因此，就随机过程的二阶结构来说，检测突变的工具是很关键的，小波频谱图正是一个相当实用的和成熟的探测工具。

类似于出现较早的傅立叶频谱分析，小波频谱分析能有效地分析时间序列在时间维度上的统计性质，即可用小波频谱叠加来描述、估计时间序列的二阶结构，如方差、自协方差和频谱密度。从经济学视角来看，频谱分析法是一种经济时间序列的周期频率成分的叠加，它们是不相关的，通过比较研究各成分对能量分布与结构的每一部分频率的动态变化，充分挖掘时间序列，把握其波动（汪惠和王宁，2002）。Neumann 和 Von Sachs（1997）提出了一个随时间变化的谱密度的估计方法。从统计的角度来看，它实际上是一种多重检验程序，原假设是序列为平稳。Von Sachs 和 Neumann（2000）也提出了一个有别于时变的协方差结构的检验方法，采用的也是频谱图的估计而不是协方差的经验估计来完成这一检验。其发展的平稳性检验方法出于这一种思想：通过对时间序列进行一种特别的分割，对分割后的每一个子部分再进行逐一检验，检验其自协方差结构的变动情况。更专业地说，就是对随时间变动的光谱密度进行多尺度的小波分解来完成。

根据时间序列的依赖关系，时间序列模型大致可分为短期记忆模型和长期记忆模型。从频域的视角来看，长期记忆变量就是一个满足其频谱密度从一开始就是极大的时间序列；当然从传统的时域来说，长期记忆变量不难理解，就是其自协方差的和序列是绝对不可和的序列。长期记忆变量不仅意味着它们之间的相关性会持续很长时间，而且具有一定程度的渐进自相似性，这在经济、金融领域更为普遍。在过去，许多短期记忆模型，如自回归移动平均模型，不适合处理这样的长期记忆变量序列。然而，小波变换可以捕捉随机过程的局部细节在不同的尺度和时间维度上，并已成为一个工具来处理序列的长期记忆变量。对于长期记忆模型，更自然的想法是使用短期平滑聚合原始序列到一个新的序列，这种方法不改变序列的依赖结构，Abry、Veitch 和 Flandrin（1998）则利用小波变换对平滑聚合过

① 相对经济领域而言，小波分析是较早地被应用于理工科领域，如地质勘探、数字信号处理和生物学等。

程进行了改进。他们使用小波系数序列近似定义两个聚合过程，即细节相关的聚合和传统的近似聚合，并且证明了细节相关的聚合比传统的聚合办法能更好地估计自相似参数，并具有更好的统计和运算性质。后来，Abry 和 Veitch（1998）又利用小波变换对非平稳有限方差时间序列做参数估计，Abry 等（2003）再次证明了这一估计比其他许多参数估计方法更有效。此外，由于小波变换的快速操作，这种估计特别适合序列是长的，需要快速处理的情况，Stoev 和 Taqqu（2005）研究长期记忆和重尾分布，利用自相似、长记忆时间序列的小波估计的渐近分布条件。他们估计了一致性和渐近正态性的小波的 H 半参数。他们的估计与线性局部平稳的自相似参数估计有着密切的联系。当稳定因子 α 已知时，就可获得 $FARIMA(p, d, q)$ 时间序列的分数差分参数为 $d = H - 1/\alpha$ 。这种用小波变换的方法，估计的参数能满足一致性和渐近正态性，这一重要性质对于分析许多具有稳定均匀变动和因果关系的线性过程十分有益。

在金融与经济计量分析中，分析者总期望或努力通过各种办法剔除经济、金融系统中噪声信号，以达到去除噪声干扰并获得相对干净的经济信号。为此，分析者通常会对噪声与经济信号的波形设置这样的假设，也就是说经济信号平稳，噪声信号不畅通。然后，在这个假设下，他们采取了一些技术来平滑噪声，从而达到平滑噪声的初衷。但是，如果经济是不稳定的，信号本身，假设意想不到的政策干预的存在，将导致不能得到真正的经济信号平滑，掩盖其过程。面对这种情况，分析师将不得不选择一种更合理的方法来消除噪声。小波噪声是一种先进的策略，它可以定义一个“阈值”，改变数据，小于阈值，相应的数据就作为小波系数的噪声系数，并且数据大于阈值就是信号。当然，我们很容易理解去噪和平滑总是两个过程。

通常来说，小波是零相的，但并非十分光滑，由于它有一个缓慢消失的矩，它是适合用于识别信号的不连续性，所以小波分析技术可用于平滑和去噪信号。小波阈值去噪方法在学术界引起了广泛的关注，Donoho 和 Johnstone（1998）利用最大小波对白噪声模型分析，对其未知函数重建，用小波收缩技术的时间序列变换，然后确定阈值，通过逆小波变换重构信号平稳，噪声被认为是满足独立的高斯分布。Johnstone（1999）通过实验，验证了一个更有充分说服力的结果。在此基础上，一些专家先后定义了贝叶斯小波阈值产生的规则。但是，对于观测中时变波动的情形，这类独立同分布变量的时域模型不再适合。在平稳却存在序列相关的噪声情形

下，Brillinger（1994）给出了点估计的结果，Neumann 和 Von Sachs（1995）探讨了广义平稳误差的小波阈值估计，Wang（1996）则进一步考虑了对加入部分布朗噪声的信号阈值估计的极值比率，Johnstone 和 Silverman（1997）研究了高斯固定观测的小波阈值法。局部平稳序列的总方差是非平稳的，但通过在原始序列分割中，子序列足够小，就出现稳定的情况。Sachs 和 Macgibbon（2000）提出了基于小波阈值法，引出 Dahlhaus（1997）局部静态模型，并探讨了静态误差的局部模型的适用性，导出小波经验方差和偏方差方程，建立误差是不成立的、固定的高斯小波采样一致估计 L2-risk 上限，得出实际的阈值规则。为了获得 L2-risk 的最佳逼近，提出了小波系数时变特性的两个基本假设。首先，有必要确定估计是在单一的大小和位置上的单小波系数，并在数据中，逐渐增加数量在大小位置上的邻里关系有同样的统计行为。其次，有必要识别信号和噪声，使阈值的方法可以适当地使用。此外，所需的信号和噪声分解是固定的，至少渐近平稳。渐近平稳性使分析师将这些数据转化为平稳序列的每一个部分，每个部分的噪声频谱图在每一时间变化不强，这可以让分析师在小波系数每层拟合方差相似的位置上进行分割，所以把噪声从信号中分解。小波变换的多分辨率分析的特征，利用小波对非平稳时间序列变换，分离原序列的趋势性、季节性、随机性和周期性，然后对每一项每一层进行了分析和预测，并最终选择去除随机噪声成分，如通过小波变换，一个新的时间序列被重建，用来作为一个原始时间序列的预测值。因此，不仅在多尺度分析上，以及在时间和频率的维度上进行局部定量分析，并根据需求，重建合理的预测值，以避免传统时间域分析模型和状态空间模型把序列信息丢失的缺陷。趋势项和周期项在时间序列分析中的重要性不言而喻。

我国学者马社祥、刘贵忠和曾召华（2000）利用小波分析对非平稳时间序列进行分析，采用多级小波变换将原始时间序列分解不同尺度的成分，所以大时间尺度对应趋势项，一般规模对应周期项，小规模对应随机项。而且，不仅时间序列趋势、周期和随机被理想分离，还可以再次分离，所以减少了问题的复杂程度，因此可以根据实际应用得到小波重构的仿真结果。郭秀花、林济南和曹务春等（2003）在季节性时间序列预测模型的研究中，季节性时间序列分为两级季节：季节性水平和趋势，利用小波分析来预测季节性水平的序列，建立一个非线性加权叠加模型在季节趋势序列中，然后阈值小波包分解和重构，建立时间外推预测模型。Zhou

（2005）将有机地结合起来，在 ARMA 模型家族的小波分析，提出了一种累积的自回归移动平均小波分析方法用于电价的短期预测。他用小波变换将不同尺度组件的混合信号，分为不同尺度小波分解的信号块，得到低频近似序列与高频序列，用累积自回归移动平均模型对各成分电价预测。为了比较，他使用 ARIMA 模型直接预测结果和 WARIMA 模型预测的结果相比，结果表明，小波分析有助于提高时间序列的预测精度。吴学森、王洁贞和张娜（2005）以 Meyer 小波对时间序列分解成时间序列的趋势成分、周期成分和随机成分三层，对原序列的季节成分进行建模，提高模型的预测精度，与经典的 Box-Jenkins Model 做了比较和分析，验证了这是一种有效的方法。段西发、田铮齐和培艳（2010）在研究无穷方差、分布厚尾过程中含有变点的非参数函数的估计问题时。应用小波技术给出变点位置的估计值及其收敛速度。统计模拟结果显示，对于无穷方差厚尾过程中的函数估计问题小波方法是有效的。苏晓丽、田铮和袁芳（2011）研究了基于小波方法的协整回归残量平稳性检验，提出了对线性协整模型 OLS 回归后得到的残量进行平稳性检验的小波方法，证明了检验统计量在 H_0 条件下的渐近分布，最后模拟实验较好地验证了他们提出方法的可行性。彭选华等（2012）为了量化资产之间相依结构的局部特征，将小波阈值规则引入 Copula 参数估计，给出了小波阈值估计量，结果发现，Copula 密度的光滑度指数、维数和采样容量是影响估值精度的重要因素，这一点也得到了以正态 Copula 为仿真算例的支持。他们的这一方法加大了模型的自适应力，对增强资产的市场风险估值有帮助。

韩璐、宏伟和韩立岩（2014）针对我国上市公司违约预测问题，按照行业类型对 2009 年的上市企业进行分层抽样，构建了小波结构模型。他们研究发现，通过小波结构模型可以避免时间序列模型进行收益波动预测的累加计算过程，且在应用中小波结构模型比时序结构模型在违约预测上有更好的识别能力。齐培艳、段西发和田铮（2014）首次考虑非参数回归模型均值函数结构变点的在线监测问题：首先对回归函数的局部线性估计值进行小波变换，在小波域创建统计量，并在原假设和备择假设下证明它的渐近分布，为了提高监测效果，他们还构造了 Bootstrap 在线监测方法，统计模拟显示他们的方法可以很好地监测到变点，并具有较短的检测延迟。

另外，时序的动态关联更多为非线性，处理非线性问题的关键是函数的选择。小波变换有良好的时频特性和局部放大，且神经网络具有自学

习、自适应等优点，小波分析和神经网络有机地结合起来，具有许多独特的优点，所以对于非线性逼近问题，小波网络处理功能的确有很多优点，它在很多领域上得到运用。张大斌等（2013）应用小波分解将非线性时间序列中的趋势成分、周期成分和随机成分分离，再采用模糊神经网络对其进行组合预测，在一定程度上解决了诸如差分方法等剔除趋势和季节因素后，进行模糊神经网络预测效果差的问题，且充分利用了非线性时间序列中的趋势成分、周期成分和随机成分的信息。最后他们实证结果显示，有小波技术辅助下的模糊神经网络的集成预测，比传统的模糊神经网络具有更好的预测精度。潘春花和孙燕朱（2016）结合 BP 神经网络和小波分析研究太阳黑子数年均值时发现，两个方法的结合有利于研究太阳活动的本质规律，且对噪声有较强的鲁棒性。

1.2.2 实证研究

前文中谈到小波分析方法具有多分辨率分析的特点，能在时频两域内都能得到分辨，为从事实证研究的学者提供了一把利器。在经济系统中，几乎所有的经济变量或经济指标均随着时间的变化而呈现动态变化，而对于这些变化的关注，不同的人有不同的视角，其中就包含了不同的时间尺度。根据现代多尺度理论认为，不同经济变量之间的关系和状态会因时间尺度的不同而不同。

万星、丁晶和张晓丽（2005）建立了非参数回归估计的小波网络预测 Model，且对电力消耗进行估计。胡俊胜、肖冬荣和夏景明（2005）应用小波网络对我国 GDP 进行预测。李全亮和李怀祖（2006）将正交尺度函数的小波网络对我国的税收总量进行了预测。很多经验都表明，小波网络比传统的网络预测有更高的精度。杨海达和周勇（2010）针对 2008 年中国股票市场在下跌趋势中，政府为提振股票市场下调印花税，而引起市场激烈反应的问题，提出了小波检验方法用于考察印花税对大盘指数的走势，结果显示短期内下调印花税的行为对股市成交量有很大的促进作用，而长期作用非常有限。杨天宇、黄淑芬（2010）用小波降噪方法估计了我国的产出缺口，结果表明，小波降噪方法和季度数据估计的产出缺口波动相对比较频繁，他们将小波降噪、HP 滤波、BK 滤波、UC 卡尔曼滤波、SVAR 方法估计的产出缺口进行了比较。验证了小波降噪方法具有更强的预测通货膨胀能力，能够较准确地描述我国 1992 年以来的经济周期波动，并且具

有很强的稳定性。

在货币市场的实证研究方面，货币乘数的讨论时间很长久，国内学者刘斌和董勤喜（1999）采取双正交小波变换的向量空间算法对时变 AR Model 做非参数估计，并对我国货币乘数进行非线性建模和动态预测，研究结果表明，小波技术不仅能逼近低频部分，而且能跟踪高频，从而为货币政策带来很好的理论支持。范德维、柴溢和戴志敏（2013）根据实际经济形势和日益复杂的对外经济运行环境，综合利率、汇率、货币供应量和国家房地产开发行业综合繁荣指数等主导指标，利用小波分析货币情况指数和消费者价格指数之间关系，得到货币政策变化应与价格一致的重要结论。

在金融领域，股票价格指数的波动、货币乘数等是人们十分关注的，准确预测市场变量的波动行为，不仅具有较高的市场回报，使投资者能进行很好的风险控制，且对政府部门加强市场监管有重要意义。由于金融市场充满不确定性，传统线性模型给出现代金融市场的现实解释是不合理的，人们发现，在许多情况下，基于小波分析的曲线时序 Model 可以准确地描述和解释金融市场的预测。Ramsey 等学者指出，讨论股市数据最好的方法是小波分析方法，通过小波分析方法讨论了标准普尔 Index，认为它具有自相似性（Ramsey，Zaslavsky and Usikov，1995）。宋宣美、奚振斐和宋国乡（2002）则应用小波分析研究了股票市场分布特性，发现我国股指序列具有分形特征，也就是类似于分形噪声。彭岩、孙学惠和王庆余（2003）用非线性映射迭代 Model，采用小波技术估计它的各个参数，对原序列做预处理，对我国部分股票的开盘价和最高价做预测，得到了很好的精度。Capobianco（2004）分解原始数据的周期成分，利用小波包滤波，平缓高频率数据协方差非平稳的负效应影响。他认为小波方法在检测波动因素方面比传统的方法更有效，有利于洞察金融时间序列背后更丰富的信息。徐梅和张世英（2005）利用小波方差，研究了金融波动长记忆的分析方法，对我国沪、深两市综合指数的收益波动长记忆性分别进行探讨，过程中并定义一个名为小波协相关系数的统计量，用于测度不同尺度下两市收益波动的相关性，结论中他们认为此方法相对于传统分析方法的优点是，其能将整体的长记忆性和相关性分解到不同时间尺度上，在此基础上能对以不同尺度为基准的金融波动的长记忆性和不同市场金融波动的相关性进行测度。曾志坚、钟紫璇和曾艳（2012）应用小波多分辨分析及 VAR-DCC-GARCH 模型，研究了中国创业板与主板股票市场间的溢出效应。从长期

趋势来看，我国创业板市场和我国主板出现了双向的期望和波动溢出；从短期来看，在1~2天的短期交易周期中，二者之间未存在任何溢出效应；但是随着时间的加大，它们间的溢出效应为：从无到有、从单向到双向，且溢出效应时间周期无规律。叶青和韩立岩（2012）采用小波变换模极大值方法分析次贷危机中美国证券市场的突变时，发现小波模极大值方法能准确定位金融资产价格异常点的具体时刻，检测出了两类奇异点，这些奇异点对应了美国次贷危机主要发展阶段的重大经济事件，反映出危机中美国经济系统异常对金融市场造成的影响。苏治和陈杨龙（2012）应用Morlet小波时频互相关分析方法，从时频两域检验了我国以及国际主要市场股指期货和现货价格序列的联运性。实证结果表明，在短周期，二者之间具有相关和协同性，但通常不稳定；而在长周期，它们存在高度的相关和协同性，并且这种关系非常稳定。另外，中国股指期货市场的价格发现效率与美国、英国成熟市场相比，仍有较大差距，但强于日本市场。庞贞燕和刘磊（2012）针对期货价格和现货价格数据含有较多噪声的特点，采用离散小波变换，对我国农产品期货和现货数据进行消噪、分解与重构，然后用VECM-BEKK-GARCH模型来模拟它们的关系，结果发现期货市场降低了现货市场的波动性，期货市场对现货市场价格波动的影响具有持续性，且不同的期货品种对其现货价格的影响有所差别。张林、李荣钧和刘小龙（2014）首先应用小波域多重分析法描述市场波动的多重分形特性，来衡量市场的有效性；其次提出一种应用市场最大波动点集的分形维数和奇异性指数的演化特征来检测金融风险的新方法。应用中发现中国、美国、日本三国在不同时期市场的有效性具有明显的不同，中国市场的有效性正在逐步提高，而美国和日本两国市场的有效性与金融危机的发生更为密切，同时经验证据表明，他提出的方法不仅可以正确地定位出金融危机发生的时点，还可以较为准确地对风险程度进行计量。

1.3 研究内容与研究目标

1.3.1 研究内容

本书名虽为《时间序列经济计量分析中的小波技术及其应用》，但众

所周知，计量经济学是一个非常宽泛的研究领域，经过上百年的快速发展仍有无以计数的学术问题有待于深入研究，同时还可以预期这种情形在很长的一段时期内甚至永久不会终结。因此，在受限于时间、精力、知识和能力的条件下，笔者不敢奢望也不可能对小波技术在时间序列计量经济学中有所作为的方方面面加以研究。笔者以继承与开拓者的身份，根据研究兴趣、学术阅历和知识能力对以下三个大的方面展开研究，为小波分析在时间序列计量经济学的技术开发和有效地解决经济社会中的现实问题做些有益探索。

其一，小波域单位根检验。时间序列数据由固定部分和随机部分组成。固定部分是截距和时间趋势项，随机部分是干扰项。若数据有单位根，原来的平稳数据分析方法将不再适用。而且，随着经济的日新月异，时间序列的两组成部分也会发生变化。因此，为了分析原始序列的特征，有必要对结构变化进行分析，即对结构变化的非线性趋势的单位根进行检验。因此，改进单位根检验的理论势在必行，它具有很重大的意义。

单位根过程检验是对时间序列数据进行深入研究的基础。时间序列的单位根过程检验方法层出不穷，有 DF 和 ADF 检验法、ERS 检验法、PP 检验法、霍尔工具变量法、NP 检验法、DF-GLS 检验法和 KPSS 检验法。现存的绝大多数单位根过程检验方法是在时域内建立起来的，极少有从频域和时频两域提出有效的检验技术。因此，本书的第一部分将围绕计量经济学中的这个重要问题，利用具有时频双重性质的小波分析这一新技术对此展开研究。

其二，小波域协整检验。在对原序列进行预测建模中，事先认为它是平稳序列，如果原序列不平稳，这就可能会得到“伪回归”，这意味着估计结果拟合程度明显高于统计模型，但 DW 值很低，据统计，估计的结果并不总是正确的。非平稳序列中的伪回归问题的来源，最直接的解决方案是对一个或多个非平稳时间序列进行差分，使非平稳时间序列成平稳序列。然而，每个差分过程会损失很多有益信息，这导致的事实是，得到的模型预测与原序列将有一定的误差，所以我们会用另外一种方法来处理“伪回归”，那就是协整检验。

协整（Cointegartion）最先由 Engle 和 Granger（1987）讨论，来刻画两个存在单位根的变量间的长期稳定关系，有的时间序列也许它本身不是平稳的，但它和其他变量的线性方程是平稳的。可以用 EG 两步法来检验：

首先判断两变量是不是同阶单整，然后建立它们的一般线性方程，算出残差。其次判断残差序列是否平稳，若是平稳的，就认为它们之间存在稳定的长期关系；若不是平稳的，则它们之间不存在协整关系。

协整检验分为回归系数和回归残差的检验。Johansen（1988）、Johansen和Juselius（1990）检验协整系统，而不是协整方程，拓展了协整检验。

尽管如此，每一检验方法和最早期EG两步法一样，均有自身难以克服的不足，即所谓尺有所短，寸有所长。常见的JJ协整检验扰动分布服从高斯的i. i. d. 序列，要求很严格，这是不现实的。同时，样本很短的协整检验结果对非高斯分布的干扰非常敏感。这也是为什么协整理论长期以来一直成为计量经济学领域的研究热点原因，这是其一。另外和单位根过程检验类似，现存协整检验方法大部分在时域内构造起来的，鲜有从频域和时频两域构造有效的检验。因此，论文研究内容的第二部分在第一部分的基础上，利用小波技术从时频两域的角度研发协整检验方法，重点对Engle和Granger（1987）的EG两步法给出有价值的补充和完善。

其三，小波域隐马尔可夫模型及其应用。目前大量的实证研究都表明，金融市场中不同时间尺度的波动间确实存在各种相依的非对称结构。因此，本书这部分内容重点是利用小波分析和隐马尔可夫模型考察我国股市不同尺度波动信息流动的规律，进一步期望从侧面来洞察不同交易者行为相互影响的一种潜在机制。

1.3.2 研究目标

其一，利用小波技术，突破先前仅在时域内建立单位根过程检验的研究构架，在时频两域内构建有效的单位根检验程序。

其二，在充分分析单位根检验与协整的EG两步检验法的内在联系和上述目标的基础上，建立小波域的线性协整的检验方法，用于计量经济的实践，以此拓展和完善协整的EG两步检验程序。

其三，基于股票市场波动信息存在沿时间尺度垂直传导机制的定性认识，将股价波动细分为高波动与低波动两个状态，通过分析股价波动信息从低频到高频流动的统计性质，从而为量化长线投资者行为对短线投资者行为的影响、不同时间尺度上的操作风险提供技术参考及间接经验证据。

1.4 研究方法、组织结构和技术路线

1.4.1 研究方法

笔者在悉心研读大量有关小波分析及时间序列分析著作的基础上，挖掘其中可以深入的问题，跟踪国内外研究进展，综合运用统计学、计量经济学、金融学、金融计量学等学科的相关知识，利用小波分析在时频两域的分析优势，拓展其在时间序列计量经济学的作用。重点是对时间序列计量经济学的关键与热点问题进行延伸研究，建立行之有效的小波分析技术，并通过 Monte Carlo 技术进行计算机模拟测试。最后将小波技术与经济、金融计量实践进行紧密结合起来应用于经济计量实践。其中涉及研究方法如下：

（1）资料参考法。关注经济学小波分析开创性的研究者 Ramsey、Chui、Gencay、Carmona、Hardle、Percival 和 Walden、Strang 和 Nguyen 以及 Brillinger 等的经典著作，为本书的研究奠定理论基础。

（2）数理推导与归纳演绎法。将时域内的单位根过程检验与协整检验方法与小波域内的检验方法详细地进行数学推导，将它们的基本思想与实现过程展现出来，并通过演绎将过程有条理地叙述出来，归纳出相应的结论。

（3）计算机仿真法。将模拟的数据通过 R 语言处理平台进行统计模拟测试，将小波域构造的检验方法的可行性和功效直观展现出来。

（4）对比性分析法。时间序列经济计量模型的各类检验的优劣对比与评价。

（5）实证与理论分析并列。尤其在本书研究内容的第三部分，将采取理论分析与实证分析并列，讨论中国股市波动信息传导规律。目的是讨论股市波动信息传导的复杂性机理，为实证分析提供理论与思路上参考；从我国的国情出发，进行案例分析，对我国股市波动信息传导机制做了定性和定量的讨论，为提高我国股市监管水平与效率提供决策咨询。

1.4.2 组织结构与技术路线

本书共分为6章，具体技术路线如图1-1所示。

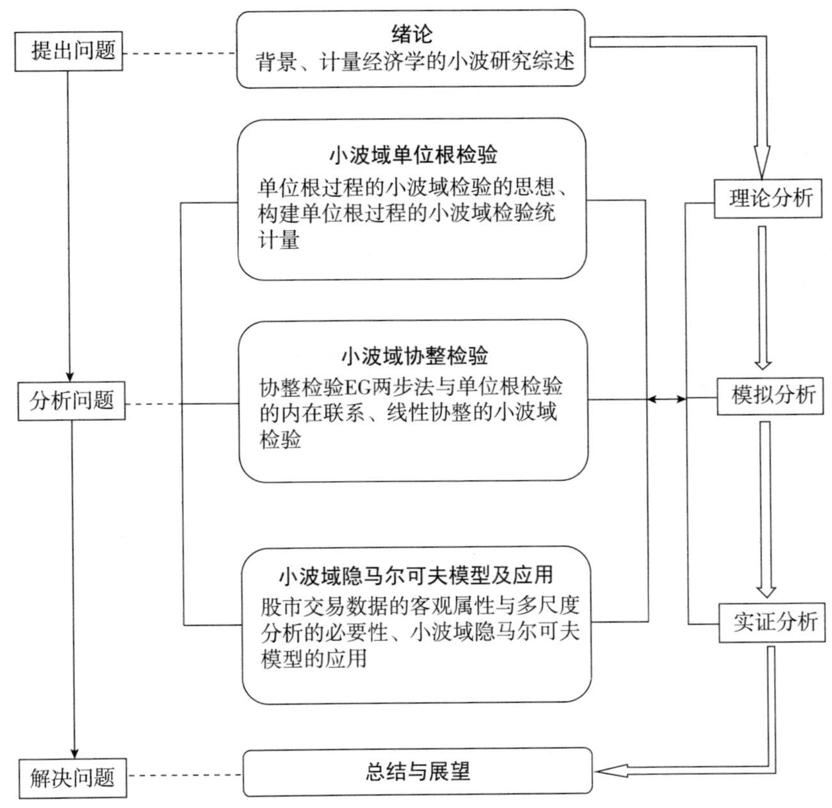

图1-1　本书研究技术路线

第1章首先概括性地说明本书的选题背景和研究意义，并对小波技术在时间序列经济计量中的理论研究和实证分析两个方面进行文献梳理和回顾；其次对本书研究的主要内容和完成本书所涉及的方法做一个简要的介绍；最后对本书所做的几个原创性工作做了简明归纳。

第2章具体介绍小波与非平稳时间序列分析的基本理论与概念，给出一些相关符号标记。目的是使读者对本书涉及的方法理论有一个全面的认识，方便读者对后文中的方法构造、选择、应用和结果的理解。其中包括

小波分析理论、极大重叠离散小波变换、维纳过程、泛函中心极限定理和连续映射定理等。

第 3 章围绕计量经济学中单位根过程检验问题，利用具有时频双重性质的小波分析这一新技术对此展开研究，具体包括：①单位根过程的小波域检验的思想；②构建单位根过程的小波域检验统计量；③检验统计量的理论分布；④检验功效的 MonteCarlo 模拟测试。

第 4 章将在单位根检验的基础上，利用小波技术研发协整检验的新方法，重点对 Engle 和 Granger（1987）的 EG 两步法给出有价值的补充和完善。具体包括：①单位根过程检验与协整的 EG 两步检验法的内在联系；②线性协整的小波域检验；③协整检验功效的 Monte Carlo 模拟；④案例研究：我国黄金市场与国际黄金市场的联动性。

第 5 章在充分考察经济、金融活动特征的基础上，利用小波分析和隐马尔可夫模型优势将其有机结合起来构造小波域隐马尔可夫链模型，用于考察我国股市不同尺度波动信息流动的规律，以期从另一侧面影射出不同交易者行为相互影响的潜在机制。

第 6 章是结语，本章概括了本书的相关结论，并提出了相应的建议和未来发展动态。

1.5 本书的创新点

第一，突破在时域内进行单位根过程检验的传统范式，本书利用小波分析所具备的时频两重性质，在小波域内提出一类单位根过程的检验方法，在理论上丰富现有单位根检验的统计程序；并且在构造检验统计量和证明其大样本性质的过程中，以两个新的引理形式拓展了随机游走的其他收敛性质，并给予详细的证明，这些性质对非平稳时间序列的其他研究具有重要的潜在价值。

第二，建立一类小波域的协整检验方法，从全新视角拓展协整检验方法，过程中还设计一套检验功效和检验水平的仿真实验。另外，将此检验方法应用于我国经济分析实践。具体来说，首先充分论证了若要在 EG 两步法的框架下进行小波域协整检验，那么潜在协整模型的初始估计时应考虑含截距项的回归模型，而对残差平稳性检验时应考虑不带漂移项的随机

游走的自回归模型。其次为了实现小波域协整检验，开发了一个用于检验不带漂移项的单位根检验的统计量，同时推导了其大样本性质。另外，设计了6个随机试验，研究检验统计量 TXL_1^* 在协整检验时的具体表现，结果显示检验统计量 TXL_1^* 的检验水平扭曲度低，以及样本容量超过500时其检验势较高的特点。最后，实际案例的研究验证了新检验统计量在协整检验的有效性，并为我国黄金市场与国际黄金市场存在长期均衡关系提供经验证据。

第三，在深刻分析人类社会经济活动的多尺度特征以及经济、金融数据尺度混合性质的基础上，应用小波域隐马尔可夫模型，用于刻画股票市场波动信息传导的统计规律。另外，率先将这一模型应用于我国股票市场的研究，量化和展示我国股市波动信息传导机制，为提高我国股市监管水平与效率提供决策咨询。

第❷章 小波与非平稳时间序列分析的理论预备

2.1 小波分析理论[①]

2.1.1 小波函数

根据 Pencival 和 Walden（2000），凡满足式（2-1）容许性条件或式（2-2）相应等价条件的函数 $\psi(t)$ 称为一个母小波函数。其中 $\hat{\psi}(\omega)$ 是 $\psi(t)$ 的傅立叶变换。式（2-2）说明函数 $\psi(t)$ 包含某种频率特性。对满足式（2-1）、式（2-2）小波母函数做伸缩和平移，得式(2-3)。

$$c_{\psi} = \int_{0}^{\infty} \frac{|\hat{\psi}(\omega)|^2}{\omega} d\omega < \infty \tag{2-1}$$

$$\int_{-\infty}^{0} \psi(t) dt = 0 \tag{2-2}$$

$$\psi_{m,n}(t) = 2^{-m/2}\psi(2^{-m}t - n) \tag{2-3}$$

其中，$m \in z = \{0, \pm 1, \pm 2, \cdots\}$ 称为尺度系数，$n \in z$ 为平移系数，$\psi_{m,n}(t)$ 为小波函数。母小波函数和小波函数有如下三条性质：

性质 1：$\hat{\psi}(0) = 0$ 等价于 $\int_{-\infty}^{+\infty} \psi(t) dt = 0$，表示母小波具有 0 直流分量。

性质 2：母小波函数及其形成的小波函数均为带通信号。

性质 3：母小波函数及其形成的小波函数随 t 的延伸而快速衰减。

由性质 2 可知，小波母函数作为一个较理想的高通小波频率响应

① 本节的小波分析理论主要引用了徐梅的博士学位论文《金融波动分析的小波和频域方法研究》，2003 年 12 月。

为式（2-4）：

$$\hat{\psi}(\omega)=\begin{cases}1, & |\omega|\in(\pi, 2\pi)\\ 0, & \text{其他}\end{cases} \tag{2-4}$$

由于式（2-5），所以伸缩后的小波函数作为较理想的高通小波其频率响应为式（2-6）。

$$\hat{\psi}_{m,n}(\omega)=2^{m/2}e^{-i2^m\omega n}\hat{\psi}(2^m\omega) \tag{2-5}$$

$$\hat{\psi}_{m,0}(\omega)=\begin{cases}2^{m/2}, & |\omega|\in(2^{-m}\pi, 2^{-m+1}\pi)\\ 0, & \text{其他}\end{cases} \tag{2-6}$$

由于平移后的小波的傅立叶变换包含一个复指数 $e^{-i2^m\omega n}$，所以 $\hat{\psi}_{m,n}(\omega)\neq\hat{\psi}_{m,0}(\omega)$，但二者的支集相同，即频带相同。

小波函数 $\{\psi_{m,n}\}_{m,n\in z}$ 是平方可积函数集合的完全正交基①，所以对于任一 $x(t)\in L^2(R)$ 可表示为式（2-7）。

$$x(t)=\sum_{m\in z}\sum_{n\in z}W_{m,n}\psi_{m,n}(t) \tag{2-7}$$

其中，式（2-8）为小波系数。设 $X(t)$ 为一均方收敛的随机过程，则 $X(t)$ 的小波变换为式（2-9），以概率 1 存在，且为具有有限二阶矩的随机过程②。

$$W_{m,n}=\int x(t)\psi_{m,n}(t)\,\mathrm{d}t \tag{2-8}$$

$$W_{m,n}=\int x(t)\psi_{m,n}(t)\,\mathrm{d}t(m, n\in z) \tag{2-9}$$

根据式（2-6）理想的高通小波的频域响应，式（2-7）中的小波表达式表明 $x(t)$ 被分割到不同阶的二进频带（$\pm 2^{-m}\pi$, $\pm 2^{-m+1}\pi$）中，对于每个尺度系数 m，其所对应的频带与尺度 $m-1$ 所对应的频带相比降低一阶，且低尺度 m（高尺度 m）对应高频（低频）。

2.1.2 离散小波变换

一般小波系数 $W_{m,n}$ 等于 $x(t)$ 与 $\psi_{m,n}(t)$ 的卷积，但由于实际中 $x(t)$ 为一些离散点，所以是通过离散小波变换（DWT）由滤波系数计算得到而

① Daubechies I. Orthonormal bases of compactly supported wavelets [J]. Communications on Pure and Applied Mathematics, 1988 (41): 909-996.

② Cambanis S., Houdré C. On the continuous wavelet transform of second-order random processes [J]. IEEE Transactions on Information Theory, 1995 (41): 628-642.

不需计算 $\psi_{m,n}(t)$ 。以下有关 DWT 的内容采用 Percival 和 Walden（2000）的表述方法。

设 X 是一个 N 维向量，其元素为实值的时间序列 $\{x_t, t=0, \cdots, N-1\}$ ，其中 $N=C\times 2^{m_0}$ ，其中 C 为常数，m_0 为正整数。X 的 m_0 级部分 DWT 是由 $W=wX$ 给出的正交变换，其中 W 是一个由 DWT 系数构成的 N 维向量，w 是一个定义了 DWT 的 $N\times N$ 维实值矩阵。DWT 系数向量 W 和矩阵 w 可按式（2-10）方式分割：

$$W=\begin{bmatrix} W_1 \\ W_2 \\ \vdots \\ W_{m_0} \\ V_{m_0} \end{bmatrix} \quad w=\begin{bmatrix} w_1 \\ w_2 \\ \vdots \\ w_{m_0} \\ v_{m_0} \end{bmatrix} \tag{2-10}$$

其中，$W_m=w_mX$，$V_{m_0}=v_{m_0}X(m=1, \cdots, m_0)$， 这里 W_m 是一个 $N_m=N/2^m$ 维与尺度 $\tau_m=2^{m-1}$ 上的变化相关的小波系数向量；w_m 是一个 $N_m\times N$ 维矩阵；V_{m_0} 是一个 N_{m_0} 维与尺度 $\lambda_{m_0}=2^{m_0}$ 上的平均相关的尺度系数向量；v_{m_0} 是一个 $N_{m_0}\times N$ 维矩阵。向量 X 也可由 DWT 系数向量 W 合成式（2-11）：

$$X=w^TW=\sum_{m=1}^{m_0} w_m^TW_m+v_{m_0}^TV_{m_0}=\sum_{m=1}^{m_0} D_m+S_{m_0} \tag{2-11}$$

式（2-11）定义了 X 的多分辨分析（MRA)，即将 X 分解为 m_0+1 个 N 维向量 $D_m=w_m^TW_m(m=1, \cdots, m_0)$ 和 $S_{m_0}=v_{m_0}^TV_{m_0}$ ，称 D_m 为对应于尺度 τ_m 的 m 级细节，S_{m_0} 为对应于尺度 λ_{m_0} 的 m_0 级平滑。

但是在实际应用中，并不明确形成 DWT 矩阵，DWT 系数向量 W 的计算是应用小波滤波器和尺度滤波器通过塔形算法进行的。一个具有偶数非 0 长度 L 的滤波器 $\{h_l, l=0, \cdots, L-1\}$ 如果满足式（2-12）和式（2-13)，则称为小波滤波器。式（2-13）表明小波滤波器具有正交性。尺度滤波器 $\{g_l, l=0, \cdots, L-1\}$ 是由小波滤波器定义的，即式（2-14）尺度滤波器满足式（2-15）和式（2-16）。

$$\sum_{l=0}^{L-1} h_l == 0 \tag{2-12}$$

$$\sum_{l=0}^{L-1} h_lh_{l+2n}=\begin{cases}1 & n=0\\0 & \text{其他}\end{cases} \tag{2-13}$$

$$g_l \equiv (-1)^{l+1} h_{L-1+l} \tag{2-14}$$

$$\sum_{l=0}^{L-1} g_l g_{l+2n} = \begin{cases} 1 & n=0 \\ 0 & 其他 \end{cases} \tag{2-15}$$

$$\sum_{l=0}^{L-1} g_l g_{l+2n} = 0 \tag{2-16}$$

设 $H(\cdot)$ 是 $\{h_l\}$ 的转换函数，即式（2-17）。

$$H(f) = \sum_{l=-\infty}^{\infty} h_l e^{-i2\pi fl} = \sum_{l=0}^{L-1} h_l e^{-i2\pi fl} \tag{2-17}$$

定义式（2-18）为 $\{h_l\}$ 的平方增益函数，则正交性等价于式（2-19）。

$$\dot{H}(f) = |H(f)|^2 \tag{2-18}$$

$$\dot{H}(f) + \dot{H}(f + \frac{1}{2}) = 2 \tag{2-19}$$

设 $G(\cdot)$ 和 $\dot{G}(\cdot)$ 分别为尺度函数 $\{g_l\}$ 的转换函数和平方增益函数，则有式（2-20），由此可得式（2-21）和式（2-22）。

$$\dot{G}(f) = \dot{H}(\frac{1}{2} - f) \tag{2-20}$$

$$\dot{G}(f) + \dot{G}(f + \frac{1}{2}) = 2 \tag{2-21}$$

$$\dot{H}(f) + \dot{G}(f) = 2 \tag{2-22}$$

小波滤波器 $\{h_f\}$ 是一个高通滤波器，其通带为 $\frac{1}{4} \leqslant |f| \leqslant \frac{1}{2}$，尺度滤波器 $\{g_l\}$ 是一个低通滤波器，其通带为 $0 \leqslant |f| \leqslant \frac{1}{4}$。

设 $V_{m-1} \equiv [V_{m-1,\,0}, V_{m-1,\,1}, \cdots, V_{m-1,\,N_{m-1}-1}]^T$，塔形算法的第 m 步是通过对 V_{m-1} 中的 N_{m-1} 个元素的循环滤波并保留具有奇数下标的滤波值，得到第 m 级小波系数和尺度系数 $V_{m,\,n}$，分别为式（2-23）和式（2-24）。

$$W_{m,\,n} = \sum_{l=0}^{L-1} h_l V_{m-1,\, 2n+1-l \bmod N_{m-1}} \tag{2-23}$$

$$V_{m,\,n} = \sum_{l=0}^{L-1} g_l V_{m-1,\, 2n+1-l \bmod N_{m-1}} \tag{2-24}$$

其中，$n=0, \cdots, N_m-1$，“$a \bmod b$”按如下方式定义：如果为整数，

且 $0 \leqslant a \leqslant b-1$，则 $a \bmod b \equiv a$；如果 a 是其他的整数，则 $a \bmod b \equiv a+nb$，其中 n 是满足 $0 \leqslant a+nb \leqslant b-1$ 的一个整数。由 $W_{m,n}$ 构成向量 W_m，由 $V_{m,n}$ 构成向量 V_m，即 $W_m \equiv [W_{m,0}, W_{m,1}, \cdots, W_{m,N_m-1}]^T$，$V_m \equiv [V_{m,0}, V_{m,1}, \cdots, V_{m,N_m-1}]^T$。令 $V_0 \equiv X$，塔形算法从 $m=1$ 开始循环计算得到 $m=2, 3, \cdots, m_0$ 时的 m_0 个小波系数向量 W_m（$m=1, \cdots, m_0$）和一个尺度系数向量 V_{m_0}。

虽然在实际应用中是由塔形算法计算得到的，但从理论上讲，W_m、V_m 也可以直接由 X 得到式（2-25）和式（2-26）。

$$W_{m,n} = \sum_{l=0}^{L_m-1} h_{m,l} x_{2^m(n+1)-1-l \bmod N} \tag{2-25}$$

$$V_{m,n} = \sum_{l=0}^{L_m-1} g_{m,l} x_{2^m(n+1)-1-l \bmod N} \tag{2-26}$$

其中，$\{h_{m,l}\}$、$\{g_{m,l}\}$ 分别为 m 级等价小波滤波器和尺度滤波器（$h_{1,l} \equiv h_l$，$g_{1,l} \equiv g_l$），其宽度均为 $L_m \equiv (2^m-1)(L-1)+1$。$h_{m,l}$、$g_{m,l}$ 的转换函数分别为式（2-27）和式（2-28）。且有 $H_1(f)=H(f)$，$G_1(f)=G(f)$。滤波器 $\{h_{m,l}\}$ 是一个带通滤波器，其通带为 $1/2^{m+1} \leqslant |f| \leqslant 1/2^m$；$\{g_{m,l}\}$ 是一个低通滤波器，其通带为 $0 \leqslant |f| \leqslant 1/2^{m+1}$。

$$H_m(f) = H(2^{m-1}f)\prod_{l=0}^{m-2} G(2^l f) \tag{2-27}$$

$$G_m(f) = \prod_{l=0}^{m-1} G(2^l f) \tag{2-28}$$

给定 W_m 和 V_m，可由第 m 步塔形算法的逆算法合成 V_{m-1}，即式（2-29）。

$$V_{m-1,n} = \sum_{l=0}^{L-1} h_l W^{\uparrow}_{m,\, n+l \bmod N_{m-1}} + \sum_{l=0}^{L-1} g_l V^{\uparrow}_{m,\, n+l \bmod N_{m-1}} (n=0, 1, \cdots, N_{m-1}-1) \tag{2-29}$$

其中，式（2-30）成立。且 $V^{\uparrow}_{m,n}$ 的定义与 $W^{\uparrow}_{m,n}$ 类似。在序列 $\{W_{m,n}\}$ 的元素之间插入一个 0 形成的 $W^{\uparrow}_{m,n}$ 过程称为 2 插值。

$$W^{\uparrow}_{m-1} = \begin{cases} 0 & n=0, 2, \cdots, N_{m-1}-1 \\ W_{m,\frac{n-1}{2}} & n=1, 3, \cdots N_{m-1}-1 \end{cases} \tag{2-30}$$

式（2-12）和式（2-13）所定义的小波滤波器还不足以使 DWT 的小波系数被解释为表示特定尺度下相邻的两个加权平均相比的变化，Dau-

bechies（1992）定义了一类小波滤波系数，由其产生的小波系数可以做出以上解释。根据定义，具有偶数长度 L 的 Daubechies 小波滤波器的平方增益函数由式（2-31）给出。

$$\dot{H}^{(D)}(f)=D^{\frac{L}{2}}(f)A_L(f) \tag{2-31}$$

其中，式（2-32）是差分滤波器｛1，-1｝的平方增益函数，而式（2-33）构成了一个低通滤波器的平方增益函数，其中$\binom{a}{b}\equiv\frac{a!}{b!\ (a-b)!}$。

$$D(f)=4\sin^2(\pi f) \tag{2-32}$$

$$A_L(f)=\frac{1}{2^{L-1}}\sum_{l=0}^{\frac{L}{2}-1}\binom{\frac{L}{2}-1+l}{l}\cos^{2l}(\pi f) \tag{2-33}$$

可以证明 $\dot{H}^{(D)}(f)$ 满足式（2-12）和式（2-21），因此任何具有平方增益函数 $\dot{H}^{(D)}(f)$ 的滤波器 $\{h_l\}$ 是一个小波滤波器。式（3-51）表明 Daubechies 小波滤波器可以解释为一个具有 $\frac{L}{2}$ 个差分滤波器的级联滤波器和一个低通滤波器的等价滤波器。与 Daubechies 小波滤波器对应的尺度滤波器的平方增益函数为式（2-34）。

$$\dot{G}^{(D)}(f)=\dot{H}^{(D)}(\frac{1}{2}-f)=2\cos^L(\pi f)\sum_{l=0}^{\frac{L}{2}-1}\binom{\frac{L}{2}-1+l}{l}\sin^{2l}(\pi f) \tag{2-34}$$

一般情况下，存在多个形如 $\{h,\ l=0,\ \cdots,\ L-1_l\}$ 的实值小波滤波器具有相同的平方增益函数，随着 L 的增大，可以采用附加的准则用以选择特定的小波滤波器或尺度滤波器，Daubechies（1992）讨论了两个这样的准则：

第一个是选择具有平方增益函数的尺度滤波器，使式（2-35）成立。

$$\sum_{l=0}^{k}g_l^2\leqslant\sum_{l=0}^{k}[g_l^{(ep)}]^2(k=0,\ \cdots,\ L-1) \tag{2-35}$$

其中，$\{g_l\}$ 是具有平方增益函数 $\dot{G}^{(D)}(f)$ 的其他滤波器，满足这一准则的滤波器称为 $D(f)$ 滤波器（$L=2,\ 4,\ \cdots$），$D(2)$ 即为 Haar 滤波器。

第二个是选择尺度滤波器使其转换函数 $G(f)=|G^{(D)}(f)|^{1/2}e^{i\theta^{(G)}(f)}$ 具有尽可能接近线性相位滤波器的相位函数 $\theta^{(G)}(f)$，满足这一准则的滤波器称为 LA（L）滤波器（$L=8$，10，…）。

2.1.3 极大重叠离散小波变换

根据 Percival 和 Walden（2000），极大重叠离散小波变换（MODWT）为 DWT 改进。DWT 是正交变换，而 MODWT 是非正交变换。

设 X 是一个 N 维向量，其元素为实值的时间序列 $\{x_t, t=0, \cdots, N-1\}$，其中 N 为任意正整数。对于任意正整数 m_0，X 的 m_0 级 MODWT 是一个由 m_0+1 个 N 维向量 $\tilde{W}_1$，…，$\tilde{W}_{m_0}$ 和 $\tilde{V}_{m_0}$ 构成的转换。向量 $\tilde{W}_m$ 包含了与尺度 $\tau_m=2^{m-1}$ 上的变化相关的 m 级 MODWT 小波系数，向量 $\tilde{V}_{m_0}$ 包含了与尺度 $\lambda_{m_0}=2^{m_0}$ 上的平均相关的 m_0 级 MODWT 尺度系数，向量 $\tilde{W}_m$ 和 $\tilde{V}_m$ 中的各元素是 X 分别经 m 级 MODWT 小波滤波器 $\{\tilde{h}_{m,l}\}$ 和尺度滤波器 $\{\tilde{g}_{m,l}\}$ 形成的，即式（2-36）和式（2-37）。

$$\tilde{W}_{m,n}=\sum_{l=0}^{L_m-1}\tilde{h}_{m,l}X_{n-l\bmod N} \tag{2-36}$$

$$\tilde{V}_{m,n}=\sum_{l=0}^{L_m-1}\tilde{g}_{m,l}X_{n-l\bmod N} \tag{2-37}$$

$\{\tilde{h}_{m,l}\}$ $\{\tilde{g}_{m,l}\}$ 由 m 级等价的 DWT 小波滤波器 $\{h_{m,l}\}$ 和尺度滤波器 $\{g_{m,l}\}$ 定义，即式（2-38）和式（2-39）。

$$\tilde{h}_{m,n}=h_{m,l}/2^{m/2} \tag{2-38}$$

$$\tilde{g}_{m,n}=g_{m,l}/2^{m/2} \tag{2-39}$$

m_0 级 MODWT 系数向量可以表示为式（2-40）和式（2-41）。

$$\tilde{W}_m=\tilde{w}_mX(m=1, \cdots, m_0) \tag{2-40}$$

$$\tilde{V}_{m_0}=\tilde{v}_{m_0}X \tag{2-41}$$

其中，$\tilde{w}_m$ 和 $\tilde{v}_{m_0}$ 均为 $N\times N$ 维的矩阵，可由 $\{h_{m,l}\}$ 和 $\{g_{m,l}\}$ 得到。向量 X 可以由其 MODWT 系数合成式（2-42）：

$$X=\sum_{m=1}^{m_0}\tilde{w}_m^T\tilde{W}_m+\tilde{v}_{m_0}^T\tilde{V}=\sum_{m=1}^{m_0}\tilde{D}_m+\tilde{S}_{m_0} \tag{2-42}$$

式（2-41）通过 m 级 MODWT 细节 $\tilde{D}_m=\tilde{w}_m^T\tilde{W}_m(m=1,\cdots,m_0)$ 和 m_0 级 MODWT 平滑 $\tilde{S}_m=\tilde{v}_{m_0}^T\tilde{V}_{m_0}$ 定义了基于 MODWT 的 X 的 MRA。可见，虽然 MODWT 同 DWT 相比，不是正交变换，但仍然可以产生类似于 DWT 的 MRA。

在实际应用中，MODWT 系数向量的计算是应用基本的 MODWT 小波滤波器（$\tilde{h}_l=\tilde{h}_{1,l}=h_l/\sqrt{2}$）和尺度滤波器 $[\tilde{g}_l=\tilde{g}_{1,l}=(-1)^{l+1}\tilde{h}_{L-1-l}]$ 通过塔形算法进行的，第 m 步 MODWT 塔形算法是通过对向量 $\tilde{V}_{m-1}\equiv[\tilde{V}_{m-1,0},\tilde{V}_{m-1,1},\cdots,\tilde{V}_{m-1,N-1}]^T$ 的 N 个元素的循环滤波得到 m 级 MODWT 小波系数和尺度系数，即式（2-43）和式（2-44）：

$$\tilde{W}_{m,n}=\sum_{l=0}^{L-1}\tilde{h}_l\tilde{V}_{m-1,\,n-2^{m-1}l\bmod N} \tag{2-43}$$

$$\tilde{V}_{m,n}=\sum_{l=0}^{L-1}\tilde{g}_l\tilde{V}_{m-1,\,n-2^{m-1}l\bmod N} \tag{2-44}$$

其中，$n=0,\cdots,N-1$，由 $\tilde{W}_{m,n}$ 构成向量 $\tilde{W}_m$，由 $\tilde{V}_{m,n}$ 构成向量 $\tilde{V}_m$，即 $\tilde{W}_m\equiv[\tilde{W}_{m,0},\tilde{W}_{m,1},\cdots,W_{m,N-1}]^T$，$\tilde{V}_m\equiv[\tilde{V}_{m,0},\tilde{V}_{m,1},\cdots,\tilde{V}_{m,N-1}]^T$。令 $V_0\equiv X$，塔形算法从 $m=1$ 开始循环计算得到 $m=1,\cdots,m_0$ 时的 m_0 个 MODWT 小波系数向量 $\tilde{W}_m(m=1,\cdots,m_0)$ 和一个 MODWT 尺度系数向量 $\tilde{V}_{m_0}$。

给定 $\tilde{W}_m$ 和 $\tilde{V}_m$，可由第 m 步 MODWT 塔形算法的逆算法合成（重建）$\tilde{V}_{m-1}$，即式（2-45）：

$$\tilde{V}_{m-1,n}=\sum_{l=0}^{L-1}\tilde{h}_l\tilde{W}_{m,\,n+2^{m-1}l\bmod N}+\sum_{l=0}^{L-1}\tilde{g}_l\tilde{V}_{m,\,n+2^{m-1}l\bmod N}(n=0,1,\cdots,N-1) \tag{2-45}$$

如果 X 的样本容量满足计算 m_0 级 DWT 的条件，则对于任何 $m\leqslant m_0$，m 级 DWT 和 MODWT 系数之间有以下关系：

$$W_{m,n}=2^{m/2}\tilde{W}_{m,\,2^m(n+1)-1}n=0,1,\cdots,N_m-1 \tag{2-46}$$

其中，$N_m=N/2^m$。尺度系数之间也具有类似的关系式（2-47）。

$$V_{m_0,n}=2^{m_0/2}\tilde{V}_{m_0,\,2^{m_0}(n+1)-1} \tag{2-47}$$

2.1.4 小波方差

定义 $\{x_t, t=\cdots, -1, 0, 1, \cdots\}$ 为离散的实值随机过程，令式（2-48）成立。

$$\bar{W}_{m,n}=\sum_{l=0}^{L_m-1}\tilde{h}_{m,l}x_{n-1}(n=\cdots, -1, 0, 1, \cdots) \tag{2-48}$$

$\bar{W}_{m,n}$ 表示 $\{x_t\}$ 经过 m 级 MODWT 小波滤波器 $\{\tilde{h}_{m,l}, l=1, \cdots, L_m-1\}$ 滤波后得到的随机过程，$\bar{W}_{m,n}$ 也是 $\{x_t, t=\cdots, -1, 0, 1, \cdots\}$ 的小波变换系数，如果 $\bar{W}_{m,n}$ 存在且有限，则尺度 τ_m 下的时变小波方差定义为式（2-49）：

$$\nu_{x,t}^2(\tau_m)\equiv \text{var}\{\bar{W}_{m,t}\} \tag{2-49}$$

若 $\{x_t\}$ 的 $\nu_{x,t}^2(\tau_m)$ 存在、有限且与时间 t 无关，即 $\{x_t\}$ 在尺度 τ_m 下的统计特性与时间无关，则可由不随时间变化的小波方差来描述。

设 $\{x_t, t=\cdots, -1, 0, 1, \cdots\}$ 是离散的实值随机过程，其 d 阶后向差分 $y_t=(1-B)^d x_t$ 是一个平稳的随机过程，设 $\{y_t\}$ SDF 为 $S_y(f)$，均值为 μ_y，以 $S_x(f)$ 代表 $\{x_t\}$ 的 SDF。如果 $\{x_t\}$ 是一个非平稳的随机过程，可由式（2-50）定义 $S_x(f)$。

$$S_x(f)=S_y(f)/D^d(f) \tag{2-50}$$

其中，$D(f)=4\sin^2(\pi f)$。给定基于长度 L 的 Daubechies 滤波器的 m 级 MODWT 小波滤波器 $\{\tilde{h}_{m,l}, l=1, \cdots, L_m-1\}$。当 $L\geqslant 2d$，则式所示的随机过程 $\{\bar{W}_{m,n}\}$ 是一个平稳的随机过程，其 SDF 为 式(2-51)。

$$S_m(f)=\tilde{\dot{H}}_m^{(D)}(f)S_x(f) \tag{2-51}$$

其中，$\tilde{\dot{H}}_m^{(D)}(f)$ 是 $\{\tilde{h}_{m,l}\}$ 的平方增益函数。$\{x_t\}$ 在尺度 τ_m 下的小波方差定义为式（2-52）。

$$\nu_x^2(\tau_m)\equiv \text{var}\{\bar{W}_{m,n}\}=\int_{-1/2}^{1/2}S_m(f)\,\mathrm{d}f \tag{2-52}$$

$\nu_x^2(\tau_m)$ 有限，并且不依赖于时间 t。与 SDF 可将过程的方差依频率分解类似，小波方差将过程的方差依尺度 τ_m 进行分解，即式（2-53）成立。

$$\sum_{m=1}^{\infty} \nu_x^2(\tau_m) = \mathrm{var}(x_t) \tag{2-53}$$

如果 $\{x_t\}$ 非平稳，则 $\mathrm{var}(x_t)$ 为无穷大。可见 $\nu_x^2(\tau_m)$ 表明了尺度在 τ_m 上的变化对 $\{x_t\}$ 总方差的贡献。如果 $\mu_y \neq 0$，且 $L=2d$，则 $E\{W_{m,n}\} \neq 0$；相反，当 $L>2d$ 或 $L=2d$，且 $\mu_y=0$ 时，则 $E\{W_{m,n}\}=0$，所以有式（2-54）。

$$\nu_x^2(\tau_m) \equiv E\{\bar{W}_{m,n}^2\} \tag{2-54}$$

2.2 非平稳时间序列分析的基础理论

2.2.1 维纳过程

维纳过程也称为布朗运动（Brownian Motion），在现代随机过程理论中起了重要的作用。

定义 2.1 标准维纳过程 $\{W(t),\ t \in [0,1]\}$ 是定义在闭区间 $[0,1]$ 上的连续变化的单变量的随机过程，满足以下条件：

（a） $W(0)=0$；

（b）对闭区间 $[0,1]$ 上任何一组有限分割 $0 \leqslant t_1 < t_2 < \cdots < t_k \leqslant 1$，相应的 $W(t_j)(j=1,2,\cdots,k)$ 的变化量 $[W(t_2)-W(t_1)]$，…，$[W(t_k)-W(t_{k-1})]$，为相互独立的随机变量；

（c）对任何 $0 \leqslant s < t \leqslant 1$，有式（2-55）。

$$[W(t)-W(s)] \sim N(0,\ t-s) \tag{2-55}$$

标准的维纳过程可看作闭区间 $[0,1]$ 上连续变化的随机游动。事实上，若令 $s=t-\Delta t \geqslant 0$，根据式（2-55），对任何 $t \in [0,1]$，有式（2-56）。显然，式（2-56）可看作间隔为 Δt 的随机游动。

$$W(t)-W(t-\Delta t)=\eta_t \sim N(0,\ \Delta t)$$

$$W(t)=W(t-\Delta t)+\eta_t,\ \eta_t \sim N(0,\ \Delta t) \tag{2-56}$$

由标准维纳过程 $W(t)$，可定义一般维纳过程。令 $B(t)=\sigma W(t)$。

其中，$\sigma>0$，$B(t)$ 称为方差为 σ^2 的维纳过程。显然，对任何 $0 \leqslant s < t \leqslant 1$，有式（2-57）。

$$B(t)-B(s) \sim N(0,\ \sigma^2(t-s)) \tag{2-57}$$

特别地，若令 $s=0$，$t=1$，则有 $B(1)\sim N(0,\sigma^2)$。

维纳过程 $B(t)$ 和标准维纳过程 $W(t)$ 是对正态分布 $N(0,\sigma^2)$ 与标准正态分布的推广，他们具有连续函数和正态分布的良好性质，许多有关单位根过程的极限分布可表示成维纳过程的泛函。比如，可以定义 $V(t)=(B(t))^2$。

根据维纳过程 $B(t)$ 的性质，在任一时刻 t，$V(t)$ 有分布 $V(t)\sim\sigma^2 t\chi^2(1)$。

这里，$\chi^2(1)$ 是自由度为 1 的 χ^2 分布。给定 $\chi^2(1)$，$V(t)$ 是 t 的连续函数。这一性质当然也适用于保准维纳过程 $W(t)$：在任一给定时刻，它是一个随机变量，同时它的轨线（path）是时间 t 的函数。标准维纳过程 $W(t)$ 的轨线对 t 的连续性是一个重要的特征。为了说明这一特性，给定任何 t_1、$t_2\in[0,1]$，$t_2>t_1$，我们可以用式（2-58）定义 $W(t_1)$ 和 $W(t_2)$ 之间的距离。

$$d(t_1,t_2)=\sqrt{E[W(t_2)-W(t_1)]^2} \tag{2-58}$$

因为在任一时刻 t，$W(t)$ 是一个随机变量，所以这一度量基于 $[W(t_2)-W(t_1)]^2$ 的期望值，与一般的距离函数不同。

定理 2.1 [Hamilton（1994）] 标准的维纳过程 $W(t)$ 的轨线在闭区间 $[0,1]$ 上对于 t 处处连续。

定理 2.2 [Hamilton（1994）] 维纳过程 $W(t)$ 的轨线在闭区间 $[0,1]$ 上对于 t 处不可微。

以上理论刻画了维纳过程的本质：它的轨线随时间的变化是光滑连续的，但在每一时刻却有变幻莫测的运动方向。同时，标准维纳过程 $W(t)$ 可以作为一个随机侧度，构造在闭区间 $[0,1]$ 上的随机积分。但由于标准维纳过程 $W(t)$ 在 $[0,1]$ 上不可微，由它定义的随机积分与一般积分不同。

2.2.2 泛函中心极限定理

中心极限定理（Central Limit Theorem）是概率论和数理统计研究随机变量序列极限分布的主要工具之一，但正如我们前面指出的，它不适用于非稳定的时间序列过程。以下介绍的泛函中心极限定理（Functional Central Limit Theorem）是对一般中心极限定理的推广，而且可以用来研究单位根过程的极限分布。首先，介绍常用的林德伯格—利维（Lindeberg-Levy）中心极限定理；其次，将其推广为泛函中心极限定理。

定理 2.3 [Hamilton (1994)](林德伯格—利维中心极限定理) 若 ε_1, …, ε_t, … 为一组独立同分布的随机变量序列，且有 $E\{\varepsilon_t\} = \mu$, $\mathrm{var}(\varepsilon_t) = \sigma^2 < \infty (t = 1, 2, \cdots)$。那么序列的标准化的样本均值 $\xi_t = \frac{1}{\sigma\sqrt{t}}\sum_{t=1}^{T}(\varepsilon_t - \mu)$ 有正态的极限分布，即当 $T \to \infty$，有式（2-59）。

$$\xi_t = \frac{1}{\sigma\sqrt{t}}\sum_{t=1}^{T}(\varepsilon_t - \mu) \xrightarrow{L} N(0, 1) \tag{2-59}$$

以上定理的证明在一般概率论和数理统计教科书中都能找到，故不再赘述。以下介绍泛函中心极限定理。

对于给定的时间序列样本 ε_1, …, ε_T, …，我们仅用前一半的样本构造部分和样本均值式（2-60）。

$$\xi_{[T/2]} = \frac{1}{\sqrt{[T/2]}}\sum_{t=1}^{[T/2]}(\varepsilon_t - \mu) \tag{2-60}$$

这里 $[T/2]$ 表示 $T/2$ 的整数部分，显然，若 T 为偶数，那么 $[T/2] = T/2$；若 T 为奇数，则有 $[T/2] = (T - 1)/2$。假设 $E\{\varepsilon_t\} = 0(t = 1、2、\cdots、T)$，根据林德伯格—利维中心极限定理，式中的样本均值有正态的极限分布式（2-61）。

$$\xi_{[T/2]} = \frac{1}{\sqrt{[T/2]}}\sum_{t=1}^{[T/2]}(\varepsilon_t) \xrightarrow{L} N(0, \sigma^2) \tag{2-61}$$

将以上进一步推广：令 r 为闭区间 $[0, 1]$ 上的任一实数，对于给定的样本 ε_1, …, ε_T，取前 $[Tr]$ 部分的样本，并构造统计量：

$$X_T(r) = \frac{1}{T}\sum_{t=1}^{[Tr]}\varepsilon_t \tag{2-62}$$

这一统计量在泛函中心极限定理中起重要作用。

当 r 在闭区间 $[0, 1]$ 上从 0 到 1 连续变化，$X_T(r)$ $E\{W_{m,n}\} = 0$ 是闭区间上的一个阶梯函数，其值为式（2-63）。

$$X_T(r) = \begin{cases} 0 & 0 \leqslant r < \frac{1}{T} \\ \varepsilon_1/T & \frac{1}{T} \leqslant r < \frac{2}{T} \\ \vdots & \\ (\varepsilon_1 + \varepsilon_2 + \cdots + \varepsilon_t)/T & r = 1 \end{cases} \tag{2-63}$$

将 $\sqrt{T}$ 乘以 $X_T(r)$ ，再令 $T\to\infty$，可得 $\sqrt{T}X_T(r)$ 的极限分布，它将是 r 的函数。将 $\sqrt{T}X_T(r)$ 改写成式（2-64）形式。

$$X_T(r)=\frac{1}{T}\sum_{t=1}^{[Tr]}\varepsilon_t=\frac{\sqrt{[Tr]}}{\sqrt{T}}\left\{\frac{1}{\sqrt{[Tr]}}\sum_{t=1}^{[Tr]}\varepsilon_t\right\} \tag{2-64}$$

由式（2-64）中的结果，立即可知：

$$\frac{1}{\sqrt{[Tr]}}\sum_{t=1}^{[Tr]}\varepsilon_t\xrightarrow{L}N(0,\ \sigma^2)$$

另外，对任意 $r\in[0,\ 1]$，

$$\lim_{T\to\infty}\frac{\sqrt{[Tr]}}{\sqrt{T}}=\sqrt{r}$$

综合上述，$\sqrt{T}X_T(r)$ 有极限分布：

$$\sqrt{T}X_T(r)=\frac{1}{\sqrt{[Tr]}}\sum_{t=1}^{[Tr]}\varepsilon_t\xrightarrow{L}\sqrt{r}N(0,\ \sigma^2)\equiv N(0,\ r\sigma^2)$$

由正态分布和标准维纳过程之间的关系，可知对任意 $r\in[0,\ 1]$，有：

$$W(r)\sim N(0,\ r)$$

这说明，$\sqrt{T}X_T(r)$ 的极限分布与维纳过程 $B(r)=\sigma W(r)$ 的分布是一致的，这为定理 2.4 做了理论上的准备。

定理 2.4 ［陆懋祖（2015）］（泛函中心极限定理） 设 ε_1，…，ε_T，…为一列独立同分布的随机变量，对所有的 $t=1,\ 2,\ \cdots$，有 $E\{\varepsilon_t\}=\mu$，$\mathrm{var}(\varepsilon_t)=\sigma^2$，$r$ 为闭区间 $[0,\ 1]$ 中的任一正实数。给定样本 ε_1，…，ε_T，取前 $[Tr]$ 部分样本作统计量：

$$X_T(r)=\frac{1}{T}\sum_{t=1}^{[Tr]}\varepsilon_t$$

那么，当 $T\to\infty$时，式（2-65）成立。

$$\sqrt{T}X_T(r)=\frac{1}{\sqrt{T}}\sum_{t=1}^{[Tr]}\varepsilon_t\xrightarrow{L}\sigma W(r)\equiv B(r) \tag{2-65}$$

式（2-65）中的 $\xrightarrow{L}$ 表示“弱收敛于”（Weak Convergence），即依分布收敛。

弱收敛是数理统计中广泛应用的概念，简单地说，对于 $n=1,\ 2,\ \cdots$，

设 $\{P_n\}$ 和 $\{P\}$ 为定义在某一度量空间 S 上的概率侧度，若对于任意定义在 S 上的有界连续函数 f，$\lim\limits_{n\to\infty}\int_s f\mathrm{d}P_n = \int_s f\mathrm{d}P$ 成立，则称 P_n 弱收敛于 P，记作 $P_n \xrightarrow{L} P$。

以上的泛函中心极限定理也称为 Donsker 定理，它在研究诸如 $\{X_T(r)\}$ 的随机函数序列的极限分布中有重要作用，正如中心极限定理在研究随机变量序列的极限分布中的作用一样。

若在式（2-65）中取 $r=1$，那么

$$\sqrt{T}X_T(r) = \frac{1}{\sqrt{T}}\sum_{t=1}^{[Tr]}\varepsilon_t \xrightarrow{L} \sigma W(1) \equiv B(1) \sim N(0,\ \sigma^2)$$

可见，林德伯格—利维中心极限定理是泛函中心极限定理的一个特例。

2.2.3 连续映射定理

连续映射定理（Continuous Mapping Theorem）在概率和数理统计中有重要应用，是研究经过连续变化后的随机变量序列的极限分布的有力工具。以下介绍它的泛函形式。首先给出常见的连续映射定理 2.5。

定理 2.5［陆懋祖（2015）］（连续映射定理） 设 $\{x_t\}(t=1,\ 2,\ \cdots)$ 为随机变量序列，且以分布收敛于随机变量 x。若 $g(\cdot)$ 为连续函数，那么随机变量序列 $\{g(x_t),\ t=1,\ 2,\ \cdots\}$ 以分布收敛于随机变量 $g(x)$，记为式（2-66）。

$$g(x_t) \xrightarrow{L} g(x) \tag{2-66}$$

定理 2.5 的证明在一般教科书中都能找到，不再赘述。下面将此结果推广，使它适用于随机函数序列 $X_t(r)(t=1,\ 2,\ \cdots)$：

$$X_T(r) = \frac{1}{\sqrt{T}}\sum_{i=1}^{[Tr]}\varepsilon_i$$

令 $D[0,\ 1]$ 为闭区间 $[0,\ 1]$ 上所有右连续，并有左有限极限实函数组成的度量空间，其上赋予度量式（2-67）。

$$\rho(x,\ y) = \sup_{0\leqslant t\leqslant 1}|x(t) - y(t)|,\ \forall x(t),\ y(t) \in D[0,\ 1] \tag{2-67}$$

在 $D[0,\ 1]$ 上定义到 R^1 内的连续映射 $g(\cdot)$，它是定义在 $[0,\ 1]$ 上的泛函。

定义 2.2（$D[0,1]\mapsto R^1$ 的连续映射） 假设函数 $f_1(t)$ 和 $f_2(t)$ 分别定义在闭区间［0，1］上的任意两个右连续，且有左有限极限的函数，即 $f_1(t)$，$f_2(t)\in D[0,1]$，若对 $\forall\varepsilon>0$，$\exists\delta>0$，当 $\rho(f_1(t),f_2(t))<\delta$，有 $|gf_1(t)-f_2(t)|<\varepsilon$，则称 $g(\cdot)$ 为 $D[0,1]\mapsto R^1$ 内的连续映射。

定理 2.6［陆懋祖（2015）］ 若 $\{S_t(r),t=1,2,\cdots\}$ 为随机函数序列，$S_t(r)\in D[0,1]$，$r\in D[0,1]$，$g(\cdot)$ 是定义在 $E\{W_{m,n}\}=0$ 到 $D[0,1]$ 内的连续映射。如果序列 $S_t(r)(t=1,2,\cdots)$ 弱收敛于随机函数 $S(r)$，那么式（2-68）成立。

$$g(S_t(r))\xrightarrow{L}g(S(r))(r\in[0,1])\tag{2-68}$$

第❸章
小波域单位根检验

自 1982 年 Nelson 和 Plosser 的奠基之作发表以来，与单位根相关的研究和文献呈指数增长，其中众多的学者应用 Dicky（1976）和 Fuller（1976）中的分析范式对一系列宏观经济时间序列进行了单位根检验。为了更好地满足现实需要和扩大检验程序的适应范围，Dicky 和 Fuller 二人合作分别在 1979 年和 1981 年对他们最初提出的单位根检验框架进行一些完善，最后的版本就是大家所熟知的 ADF 检验，这一检验程序如今频繁地现身于经济计量学的课堂与媒体。同时从文献检索的情况可明显地发现，有关单位根检验的经典文献在经济学和经济计量学领域获得了最高的引用率，同时对经济学的研究方向产生了显著而深远的影响，而不仅是单纯地用于单位根检验那么浅显。表 3-1 给出与单位根相关的经典文献的他引情况，从中不难看出学术界对单位根相关的论题有着持续的研究兴趣。本书的这部分将继续以单位根检验这一重要论题为研究对象，在前人的研究基础上，试图利用近代发展起来的小波分析这一新颖工具，对单位根检验做出有益的发展和补充；从另一视角为经济计量中单位根检验实践提供更宽泛的选择空间，以使实践者能在可选的空间中做出更多的对比与分析，提高实证结论的稳定性。

表 3-1　与单位根相关的经典文献的他引情况

序列	作者（年份）	被引用次数
1	Dickey 和 Fuller（1979）	18903
2	Phillips 和 Perron（1988）	12268

续表

序列	作者（年份）	被引用次数
3	Dickey 和 Fuller（1981）	11468
4	Perron（1989）	6674
5	Kwiatkowski、Phillips、Schmidt 和 Shin（1992）	8819
6	Nelson 和 Plosser（1982）	5812
7	Phillips（1987a）	3131
8	Zivot 和 Andrews（1992）	4547
9	Elliott、Rothenberg 和 Stock（1996）	4825
10	Said 和 Dickey（1984）	3001

资料来源：Google 学术检索（http://g.suconghou.cn/scholar），2016 年 5 月 31 日。

本章其他内容安排如下：在 3.1 节中将对单位根过程进行简要介绍，同时引入一些后文所需的基本概念和符号标记。3.2 节主要阐述有关单位根检验的研究进展，旨意是使读者对单位根检验的研究脉络和经典方法的思想有个大概的了解。3.3 节是本章的重点内容。首先在论文的 3.3.1 部分通过一个模拟实验，展示 Fan 和 Gençay（2010）小波域单位根检验的基本思想及其检验统计量的构造和性质；其次在 3.3.2 中拓展 Fan 和 Gençay（2010）的检验方法，其中包括检验对象与检验思想的延伸，检验统计量构造的重要思想和过程，并对所提出的检验统计量的大样本性质进行了证明；最后在 3.3 节的通过 Monte Carlo 仿真实验对检验统计量在有限样本条件下的表现进行了研究。为了保证本书的行文方便和读者的阅读流畅，将本章所有新提出的引理、定理的证明全部安排在 3.4 节中。

3.1 单位根过程概述

3.1.1 单位根过程的几种定义

定义 3.1 随机过程 $\{y_t, t=1, 2, \cdots\}$ 若

$$y_t = \rho y_{t-1} + u_t (t=1, 2, \cdots) \tag{3-1}$$

其中，$\rho=1$，$\{u_t\}$ 为平稳过程，且 $E(u_t)=0$，$\mathrm{cov}(u_t, u_{t-s})=\gamma_s<\infty$，这里 $s=0, 1, 2, \cdots$ 为不含漂移项和确定趋势项的单位根过程。

定义 3.2 随机过程 $\{y_t, t=1, 2, \cdots\}$ 若

$$y_t = a + \rho y_{t-1} + u_t (t=1, 2, \cdots) \tag{3-2}$$

其中，a 为非零的常量，$\rho=1$，$\{u_t\}$ 为平稳过程，且 $E(u_t)=0$，$\mathrm{cov}(u_t, u_{t-s})=\gamma_s<\infty$，这里 $s=0, 1, 2, \cdots$ 为含漂移项的单位根过程。

定义 3.3 随机过程 $\{y_t, t=1, 2, \cdots\}$ 若

$$y_t = a_0 + a_1 t + \rho y_{t-1} + u_t (t=1, 2, \cdots) \tag{3-3}$$

其中，a_0、a_1 为不全为零的常量，$\rho=1$，$\{u_t\}$ 为平稳过程，且 $E(u_t)=0$，$\mathrm{cov}(u_t, u_{t-s})=\gamma_s<\infty$，这里 $s=0, 1, 2, \cdots$ 为含线性趋势项的单位根过程。

定义 3.4 随机过程 $\{y_t, t=1, 2, \cdots\}$ 若

$$y_t = g(t) + \rho y_{t-1} + u_t (t=1, 2, \cdots) \tag{3-4}$$

其中，$g(t)$ 是关于时间 t 的确定的非线性函数，$\rho=1$，$\{u_t\}$ 为平稳过程，且 $E(u_t)=0$，$\mathrm{cov}(u_t, u_{t-s})=\gamma_s<\infty$，这里 $s=0, 1, 2, \cdots$ 为含非线性趋势项的单位根过程。

随机游走过程是单位根过程的一个特例。单位根过程中的随机干扰项 u_t 只需服从一般的平稳过程即可，无须是独立同分布。这种假设上的差异，暗示在现代经济学和金融学上有不同的应用。仅从统计学的角度来分析，单位根过程在技术处理方面更为复杂。

3.1.2 区分单位根过程和（趋势）平稳过程①的意义

其一，通常现实世界中的时间序列可以分解为两部分，即确定成分和随机成分。其中，确定成分又由确定的截距和时间趋势两部分构成，而随机成分描述了原始时间序列的随机性质。宏观经济变量的时间序列在一般情况下，均具有明显的时间趋势特点。另外，时间序列的平稳性特征是由其随机成分所决定。时间序列数据平稳与否是时间序列建模过程必须明确的前提，单位根过程是非平稳过程族中一个特殊且重要的类型。若时间序列含有单位根，则基于平稳假设条件下建立起来的估计方法和统计检验方法将不再适用，所以须另辟蹊径，提出新的分析方法以满足非平稳时间序

① 本书若无特别说明，平稳序列均是指弱平稳序列，即只要求序列的前二阶矩具有时不变性。

列数据的建模之需。

其二，单位根过程暗示一个随机干扰对经济系统有长久不衰的持续影响，然而对平稳过程来说，随机干扰的影响是短暂的。因此，区分单位根过程与趋势平稳过程还具有重要的经济学价值。例如，购买力平价理论实际暗示了不同国家货币间的实际汇率是平稳的，原因在于该理论认为实际汇率与平衡态的偏离将很快地被国家之间的套利所修正；再如，在金融领域中，有效市场假设表明理性代理人可充分利用市场中各种信息，任何代理人均无法以任何优势去预测股价的走势，这样股价的变化只反映了无法预测的变化，进而股价的时间序列就是一个随机游走。反过来说，所有这些经济假设和理论都可在区分单位根过程与否的帮助下得以实证。

众所周知，经济时间序列数据中单位根的存在暗示序列的非平稳性。那么在以非平稳序列为对象的建模与分析过程中，非标准的统计分布与推理框架是切实必要的。

3.2 单位根检验研究进展

关于单位根检验的这一篇文献（*Distribution of the Estimators for Autoregressive Time Series with a Unit Root*）（Dickey and Fuller，1979）是一项开创性的研究文献。这篇文章显示可用标准的 t 比和正则化偏离统计量来检验存在单位根的原假设，下面以模型①来具体说明之。在这个模型下，存在单位根的原假设可表示成 $\rho=1$，设 $\hat{\rho}$ 为 ρ 的最小二乘估计，$\sigma_{\hat{\rho}}$ 为 $\hat{\rho}$ 的标准误。那么，检验 $\rho=1$ 的 t 比统计可简单地写成式（3-5），而正则化偏离统计量的构造如式（3-6）所示：

$$t_{\hat{\rho}}=\frac{\hat{\rho}-1}{\sigma_{\hat{\rho}}} \tag{3-5}$$

$$T\cdot(\hat{\rho}-1) \tag{3-6}$$

其中，T 为样本容量。用标准的 t 比或正则化偏离统计量检验单位根的程序就是赫赫有名的 Dickey-Fuller 检验（DF）。

① 这个模型也是 Dickey and Fuller（1979）中所考虑的模型之一。

需要特别交代的是以上两个统计量在原假设下都不具有标准的分布。$t_{\hat{\rho}}$不服从学生氏 t 分布，具备左偏的特性。因此，使传统的 t 分布临界值作为检验依据将过度地拒绝存在单位根的原假设。Dickey 和 Fuller 在他们文章中也用 MonteCarlo 模拟展示了这个检验具有低检验势的不足，尤其是在备择假设接近原假设的情形下，如样本容量为 100、真实的 $\rho = 0.98$ 的条件下，Dickey-Fuller 检验的检验势不超过 0.55①。此外，Dickey-Fuller 检验是在严格假定模型为带独立同分布随机干扰的纯 AR 过程的基础上构建的，导致其在许多经济计量实践场景中难以应用。

延续 Dickey 和 Fuller 的研究，Said 和 Dickey（1984）使用高阶自回归模型以兼容随机干扰间存在序列相关的情形，突破 Dickey and Fuller（1979）中随机干扰为独立同分布的约束，在相当大的程度上扩展了 Dickey-Fuller 检验，这也就是现在大家熟知的扩展版 Dickey Fuller 检验，简称 ADF 检验。Phillips 和 Perron（1988）以兼容随机干扰的序列相关和异方差问题，而在模型中加入半参数修正项，也使 Dickey-Fuller 检验得到很大的提升，拓展了检验的应用范围，Phillips 和 Perron（1988）的这一修正版检验被后人简称为 PP 检验。Said 、Dickey（1984）和 Phillips、Perron（1988）并在理论上证明了：在相对更宽松的假设条件下，他们的检验统计量与 DF 检验有相同的分布。尽管 ADF 和 PP 检验对序列相关和异方差具有渐进稳健性质，但是 Phillips 和 Perron（1988）中的模拟实验表明 ADF 和 PP 检验仍遭遇检验势低下和检验水平紊乱的困扰。

当真实过程不是 AR 过程，即违背 AR 过程假定时，ADF 和 PP 检验均不再稳健，这一点在大量的文献中都有记载。Schwert（1987，1989）发现许多经济时间序列能被一阶积分自回归移动平均模型（ARIMA）最优的描述，且 MA 部分带有一个系数接近 1 的平均项。为了比较在这种情况下 ADF 和 PP 检验的表现，Schwert 做了大量的统计模拟实验。他观察到这两个检验的经验检验水平与理论检验水平相差甚远，即使在大样本条件也是如此。简要地说，Schwert（1987，1989）总结性地认为，当然真实过程的 MA 部分含有一个大的系数时，那么，用从相关的 Dickey-Fuller 分布的临界值作为决策依据，将会产生严重的误导。Schwert 在给出有关 DF 和 PP 检验稳健性的经验证据的同时，Pantula（1991）为此也提供了重要的理论

① 更详细的模拟结果，读者可参阅文献 Dickey and Fuller（1979）中的表 1。

基础。具体说来，Pantula 考虑式（3-7）模型。

$$y_t = \rho y_{t-1} + u_t - \theta u_{t-1} \tag{3-7}$$

其中，$\rho = 1$，$\theta = 1 - n^{-\delta}$，$\delta \geqslant 0$，且 u_t 为独立同分布的随机误差。基于这个模型且当 $\delta > 0.25$ 时，ADF 和 PP 检验统计量均趋向负无穷。因此，Pantula 的理论结果与 Schwert 的经验证据是一致的。

Rudebusch（1992）使用一个更聪明的技术手段，用于展示在小样本的条件下，DF 检验无法拒绝 GNP 序列为差分平稳的假设，另外，DF 检验又难以拒绝 GNP 序列为趋势平稳的假设。由此，GNP 序列的单位根存在与否似乎变得不可确定。总之，模拟结果与理论证明均表明通常的单位根检验并不能完全胜任于区分单位根过程与平稳过程的使命，同时检验结果在真实模型违背假设的情形下也不稳健。

传统意义上的单位根检验都将模型中的全部参数包括误差项的方差设定为常数。但是在现实经济系统中，随着时间的演进、环境的变化、政策的修订、机制的变革等，常参数模型难以描述现实经济现象的动态变化。也就是说，模型中可能存在部分甚至所有参数均会随着时间的改变而发生变化，同时这类变化可能是突变的，当然也完全有可能是渐进改变的。为了更切合实际地描述具有上述特征的经济变量的平稳性，诸多非线性单位根检验的理论和方法得到快速发展，其中包括结构突变、门限自回归、平滑转换自回归、马尔科夫机制转换模型等，将单位根检验发展到一个新的前沿。

在结构突变单位根检验方面，Perron 无可争议是这个领域的先驱。因为由 Perron 最先将结构突变引入了单位根检验，并且发现当忽视数据生成过程中的结构突变时极有可能导致传统单位根检验的功效急剧下降，也就表明传统的检验易将一个含有结构突变的趋势平稳过程误判成一个单位根过程，即使在大样本条件下也不例外，这一现象也是现在业内所熟知的 Perron 之谜。更重要的是，为了更好地解决这类单位根检验问题，在他的一系列学术论文中提出几项影响深远的改进方法①，为更复杂的单位根检验开辟了另一路径。当时间序列的确定部分含有结构突变点时，线性模型下检验的临界值将发生变化，Perron 与其合作者发表系列著作，重点分析确定部分含有结构突变的单位根检验的临界值问题（Bai and Perron,

① Perron 在 1988~1992 年发表了 3 篇有关这方面的学术论文，其中包括 Perron（1988）、Perron（1989）和 Perron（1992），感兴趣的读者可自行查阅拜读。

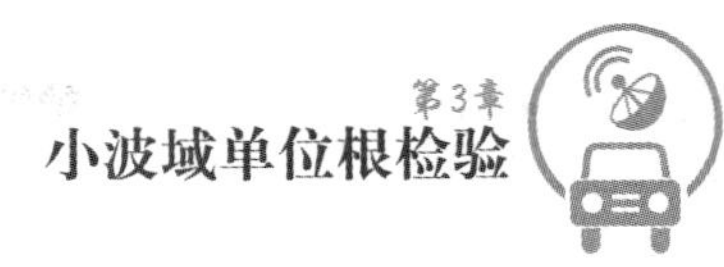

1998，2000，2003）。

自 Perron 将结构突变引入单位根检验以来，在很大程度上克服了传统单位根检验方法的不足。但是 Perron 的检验模型假定结构突变点是外生的，也就是说检验者事先是明确突变点发生的时点，这一假定直接的后果是会导致检验统计量与数据之间不满足独立性条件。此后，针对结构突变点具有内生性这一要求，发展了许多其他检验方法加以完善，其中包括 Banerjee、Lumisdaine 和 Stock（1992），Perron 和 Vogelsang（1992），Lumsdaine 和 Papell（1997）等[①]。此外，Perron 和 Zhu 在后来的 2005 年又提出了基于退化确定部分的残差平方和最小值确定突变点的具体方法（Perron and Zhu，2005）。2009 年 Perron 又与 Kim 合作引入了 Additive Outlier 和 Innovational Outlier 模型，而且还展示了如何应用的方法对这两个模型的结构突变进行估计（Kim and Perron，2009）。

下面沿着时间轨迹介绍国内单位根检验的研究进展。客观地说，国内在这方面的研究无论是研究广度还是深度均与国外学者的工作有不少的差距，这可能与国内研究的起步时间较晚有关。21 世纪初，国内有源可寻的相关文献还相当得少。尽管如此，我们众多的学者对此重要问题的研究，还是做了扎实而富有成效的工作，为单位根检验的实际应用铺路搭桥。其中主要包括对国际单位根检验的主流方法的改进，以适应不同环境条件；还有利用随机模拟的技术手段对各类检验统计量的小样本性，进行了深入的分析等。

从 21 世纪初开始，赵松山和白雪梅（2003）从图形与模型描述变量的特征区分趋势平稳过程中带常数项的单位根过程，并且从去势效果、平稳化方法、参数估计量极限分布的收敛速度、方差以及在预测、预测误差和动态性质等方面研究趋势平稳与带常数项单位根过程的区别。朱慧明和韩玉启（2003）探索了当随机误差项目存在自相关的情况下，应用贝叶斯定理，通过自相关系数的条件后验分布，讨论自相关系数的统计推断问题，如单位根检验、点估计（区间估计）、自相关诊断。李志宏（2004）考虑到构成面板数据之横截面时间序列扰动项之间的关联性和异质性，设计出一个简明的蒙特卡罗实验框架以生成面板数据单位根检验统计值之有限样本密度分布和对应临界值。为了改善 DF 检验的功效，张晓峒和白仲

① 有关这些学者的研究工作，文献 Jone Nelson 和 Reetu（2007）有较为全面的综述。

林（2005）将时间序列的退势和 RMA 检验和 WS 检验、DF 检验、MAX 检验相结合，通过 Monte Carlo 仿真对几十种单位根检验的小样本性质进行比较，并且他们发现对时间序列的退势均能不同程度地改善单位根检验的功效。时间序列的递归退势 RMA 检验具有最理想的小样本性质，它的检验功效高于其他检验，其次是基于 GLS 退势的 DF 检验。靳庭良（2005）指出了 Kim 和 Schmidt（1993）等在研究 GARCH（1，1）- errors 对 DF 单位根检验有限样本性质影响时存在的方法上的缺陷。在理论分析和 Monte Carlo 随机模拟的基础上，提出了对于具有 GARCH（1，1）-Normal errors 的单位根过程，采用 DF 统计量进行检验时应遵循的三条规律。彭作祥和庞皓（2005）通过随机模拟，研究了条件分布为偏 t 分布、具有自回归条件异方差误差项的时间序列的 ADF 单位根检验的临界值、检验的有效性和实际显著水平的扭曲分析。他们的结果显示：随着波动持久性的增强，Fuller 的临界值表已无法直接使用，否则将导致严重的扭曲。

杨继生、王少平和艾春荣（2006）研究了工具变量法综列单位根检验问题。他们的结果表明，在非平稳综列数据含有确定性趋势时，SN 检验是有偏的，不再服从渐近正态分布，因而需要修正。在文中他们基于 Monte Carlo 模拟，提出了一种简便的修正方法。黎实和彭作祥（2006）基于分析泛函中心极限定理在高频金融数据单位根检验中的特征与性质，应用随机模拟的方法研究了有限样本情况下具有 GARCH-GED 误差项金融时序的 ADF 单位根检验统计量 Z_t 和 Z_ρ 的统计性质。为检验带异方差的季节时间序列中的单位根，肖燕婷和田铮（2006）提出了基于 Cauchy 估计的统计量 Z_c 在原假设下得到该检验统计量的极限分布服从于标准正态分布，并与季节周期 d 和误差项的周期异方差无关。聂巧平（2007）论述 M^{GLS}统计量的构造方法后，应用随机模拟的方法分析了该统计量的有限样本分布特征，同时针对实际应用中检验回归式中差分变量滞后阶数的确定，总结了几种常用的方法，在很大程度上完善 M^{GLS}统计量进行单位根检验的实际应用。刘田（2008）的 Monte Carlo 仿真论证 PP 与 ADF 检验，对平稳的非线性会误判为有单位根。信噪比小于 15 倍时，PP 检验可得出正确的结果；信噪比小于 4 倍时，ADF 检验可得出正确的结果。对非线性趋势平稳序列的检验而言，PP 优于 ADF 检验。史代敏和刘田（2009）基于奇异值分解的思路，构造了检验非平稳时间序列单位根的 SVD-RMA 检验法，他们的仿真实验表明：SVD-RMA 法对线性与非线性趋势，甚至结构突变过程的检验功效都非常好；SVD-RMA 检验非线性趋势平稳得到正确结论的可能性远比 ADF 和 PP 检验好。

为了对平滑转换自回归模型中单位根检验及线性检验在两个模型中同时进行的问题，赵春艳（2010）认为，应该将上述两个检验放在平滑转换自回归模型中一起进行，并且给出了相应的 t 统计量及 F 统计量分布的临界值。针对结构变化的面板数据，陈海燕和杨宝臣（2011）利用非线性平滑转换函数修正 IPS 面板单位根检验，证明了 LSTR-IPS 对平稳性的面板单位根检验方法。仿真实验表明，LSTR-IPS 平稳性比传统的面板单位根检验效率高。李勇、孙瑞博和王贵银（2012）在贝叶斯框架下，发展了检验带有未知自由度且厚尾 t 分布的自回归金融时间序列单位根的贝叶斯方法。吴鑑洪和张淦（2013）发展了 Wild Bootstrap 方法用以解决误差项可能具有截面相依性和重尾性等更一般情形下的面板单位根检验问题。他们的仿真结果得到，当重尾存在，Wild Bootstrap 比 Block Bootstrap 有一个较小的失真程度和更高的效率测试。为了深入高次趋势特征序列的单位根检验问题，左秀霞（2014）探索了高次趋势平稳过程和带高次趋势的单位根过程的概念及其时间趋势特征。针对 Wald 临界值检验方法存在检验水平扭曲和功效低下的局限性，陶长琪和江海峰（2014）提出了 Wald 检验量的 Bootstrap 检验方法，并从理论上证明了该方法的有效性和借助于蒙特卡罗模拟技术对两种检验方法进行比较分析。杨子晖、柯烁佳和赵永亮（2015）通过 Monte Carlo 模拟对最新提出的第二代面板单位根检验方法的检验功效、过度拒绝等问题展开比较研究，并在此基础上进一步考察它们在近似单位根、结构性变化和非线性转变等情形下的有限样本性质。王泽宇、李智和徐鹏（2016）研究了整数值时间序列单位根检验问题，他们主要采用 Monte Carlo 模拟方法对 INAR（1）模型单位根检验中的 DF 统计量和 TI 统计量进行比较分析。

然而，纵观单位根检验的发展历程不难发现，现存的绝大多数的检验方法是在时域内展开的，即直接利用经济变量的滞后值对其当前值的自回归系数的时域估计。而从频域分析角度创建单位根检验的文献相对来说非常少，有据可查的只有少数几篇，其中有 Sagan 和 Bhargava（1983）的 Von Neumann 方差比（VN）检验、Choi 和 Phillips（1993）VN 检验的扩展版以及 Fan 和 Gencay（2010）。这一现状无疑有些遗憾，当然也为后续研究留有余地。作为时间序列分析的一大分支的频域分析，理论已经证明在

许多方面有时域分析无法替代的许多性质；且许多实证研究表明即使研究对象为同一目标，频域分析对时域分析有很好的互补作用。它们的有机结合，相辅相成，有利于问题研究的深入。

3.3 小波域单位根过程的检验

前文提到过小波分析近年来在许多领域得到了广泛应用。正是考虑到当前单位根检验缺乏频域研究的现状和小波分析本身的特点，期望能将这一对旧问题与新工具密切地结合起来，加深单位根检验的理论研究与拓宽小波分析的应用范畴。

Choi 和 Phillips（1993）基于 Fourier 谱分析方法发展一个单位检验，并通过统计模拟展示了他们的方法优于其他时域内的单位根检验方法，他们充分利用自回归模型的自回归系数频域估计。VN 检验（Sagan and Bhargava，1983）方法是基于时间序列的一阶差分序列的样本方差与原序列的样本方差之比，而构造检验统计量的。但这些检验方法有效性的前提是待检验的序列不含时间趋势项，否则将失效。为了拓展 VN 检验的应用范围，如含线性趋势项和含有多项式时间趋势项的环境，Bhargava（1983）、Schmidt 和 Phillips（1992）相继完善了 VN 检验。

Fourier 谱分析方法在分析平稳时间序列方面，确实具有很多诱人的优势。然而，现实中绝大多数经济或金融时间序列通常表现出极其复杂的动态模式，如含有时间趋势、结构突变和波动聚焦等，因此将分析对象限制于平稳时间序列缺乏现实价值。事实上，如果某些频率成分表现为非平稳，那么随着时间的推移它们将时隐时现，进而谱分析工具也许无法探测到它们的存在，即产生遗漏。与谱分析不同，小波滤波器为处理具有时变特征的多数真实时间序列提供了一个更为自然的操作平台，因此，放松了分析对象仅为平稳时间序列的严格假定条件。小波分析平台能在相当宽的频带内，智能地使自身自适应地捕获各频率成分的特征，同时又能在局部时域内捕获重大事件①。这些特点使小波分析成为研究非平稳时间序列一

① 这里的重大事件主要指时间序列在时域内出现了绝对值较大的异常值，如 3σ 或 6σ 之外的值等。

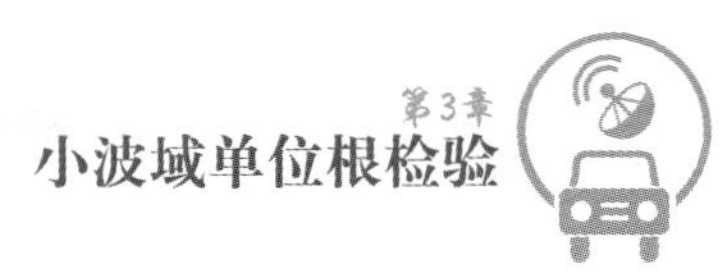

项理想的工具。

3.3.1 Fan 和 Gençay（2010）方法

（1）检验策略的基本思想。小波分解将一随机过程分解成多个成分（子过程），它们每个成分与一个特定的频率带相联系。小波功率谱测度了每个频率成分的能量对整个原时间序列能量的贡献。如若其中的一个频率成分相对于其他成分来说，能量贡献明显大，那么它将被认为是原随机过程的重要驱动。谱分析理论表明单位根过程的功率谱本质上是无限的，既然如此，那单位根过程能量绝大部分来源于其低频成分的贡献。自然可以通过离散小波变换（DWT）将待分析的随机过程能量分解到低频成分与高频成分之中，进而设计基于小波域的单位根检验。因为理论证据表明 DWT 为能量守恒的一种线性变换，同时能在低频成分与高频率成分间非均衡地分配原始过程的总能量。因此，完全有可能可将序列中最持久的子成分单独分离开来，并用少数的小波尺度系数代表其所隐含的能量。

为了更直观地介绍 Fan 和 Gençay（2010）单位根检验背后的思想，下面通过对一个平稳过程与单位根过程进行能量分解来阐述之。图 3-1 为平稳过程 $y_t = 0.3y_{t-1} + u_t$ 和单位根过程 $y_t = y_{t-1} + u_t$ 的模拟图，其中，$u_t \sim N(0,\ 1)$（u_t 为 i. i. d 序列）（$t = 1,\ 2,\ \cdots,\ 2048$）。图形所表现出的动态波动特征与人们对此两类过程的基本认识是一致，即单位根序列似乎具有某种趋势，而平稳序列整体均围绕着潜在的均值上下波动，看不出趋势项的存在。

下面对以上两个长度均为 $M = 2^{11} = 2048$ 的序列进行 $J = 6$ 的离散小波变换，变换结果分别如图 3-2 和图 3-3 的左上半部分所示，同时变换后小波与尺度系数的基本描述性统计分别展现在图 3-2 和图 3-3的左下半部分。当然，最需关注的是这幅图右半部分的差异，图 3-2 右边的两子图清晰地显示对于平稳过程而言，能量在各水平的小波和尺度系数系列上均有分布，而小波系数系列 W_1 对整体能量的贡献率最大，高达到 31%；随着分解水平的增大，各小波系数系列的能量贡献率在逐步减少。与平稳序列所展现出来的特征截然不同，单位根过程的能量几乎被尺度系数序列 V_6 全部占有，如图 3-3 的右下半部分所示。99%的方差来源于它，而对于其全部小波系数系列几乎没有能量贡献。

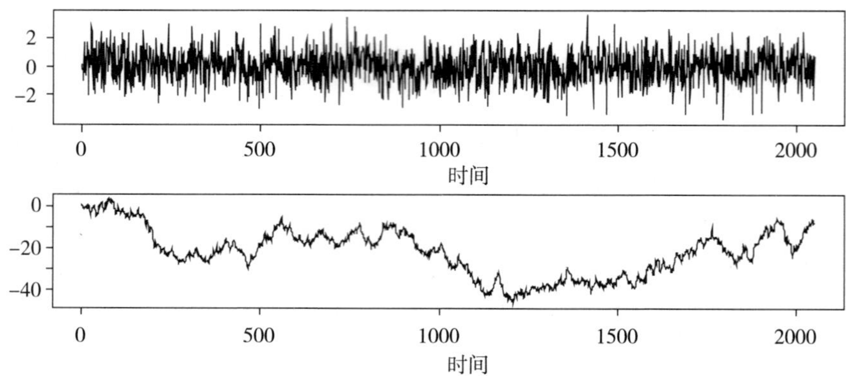

图 3-1　平稳过程与单位根过程的模拟序列

注：图的上部分代表平稳过程，下部分代表单位根过程。

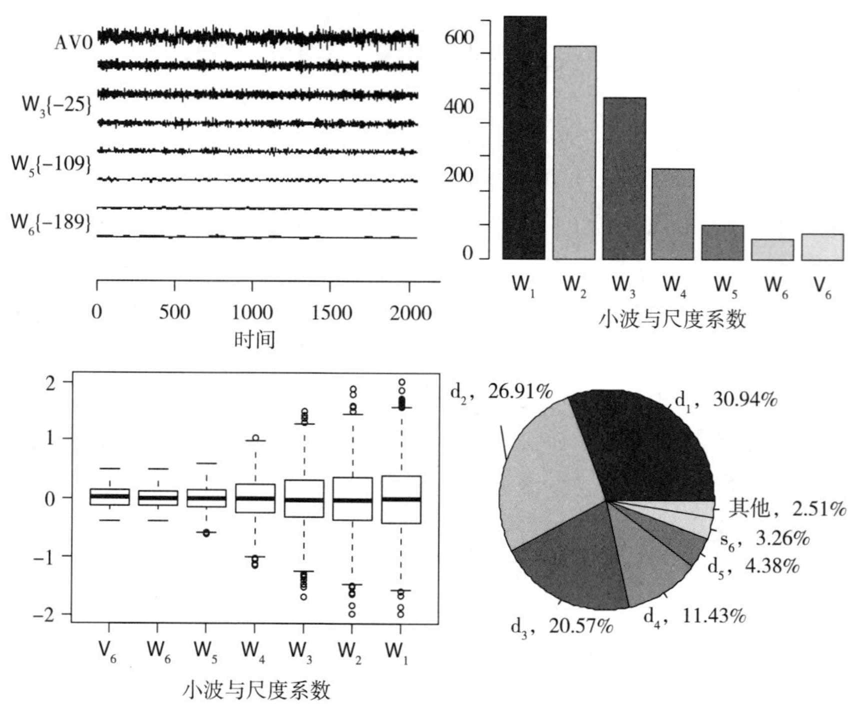

图 3-2　平稳过程模拟序列及其能量的小波分解

注：左上半部分为序列的 6 水平小波分解，左下半部分为小波与尺度系数的箱式分布图；右上半部分为序列的绝对能量的分解，右下半部分为相对能量的分解。

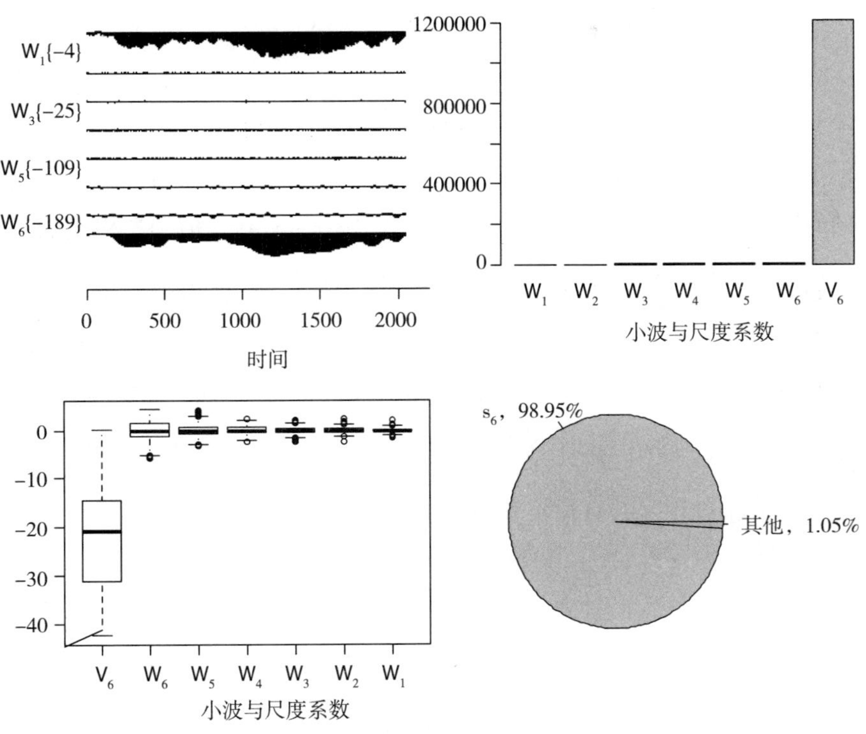

图 3-3 单位根过程模拟序列及其能量的小波分解

注：左上半部分为序列的 6 水平小波分解，左下半部分为小波与尺度系数的箱式分布图；右上半部分为序列的绝对能量的分解，右下半部分为相对能量的分解。

由第 2 章的小波分析理论可知，小波或尺度系数所处的小波尺度越高，从频率的角度则意味着其所代表的频率越低。这样来说，平稳过程与单位根过程在以上所呈现的能量分配的显著差异，潜在地表明平稳过程的能量多数来源于其各高频成分 W_1、W_2、W_3、W_4、W_5 和 W_6，而单位根过程的能量则排他性地来自其低频成分 V_6。对二者差异的比较与分析可以发现这其中隐藏式（3-8）成立，这正是通过小波能量分解构建单位根过程检验统计量的最朴素的思想，同样也是为什么将这种检验策略称为小波域检验的缘由。

$$\begin{cases} \dfrac{\| V_J \|^2}{\| y \|^2} \approx 0，若 y_t 为平稳过程 \\ \dfrac{\| V_J \|^2}{\| y \|^2} \approx 1，若 y_t 为单位根过程 \end{cases} \tag{3-8}$$

（2）检验统计量的构造及其性质。Fan 和 Gençay（2010）考虑模型产生的时间序列，其中 $u_t(t = 0，1，2，\cdots)$ 为一具有 0 均值和严格正的长期方差 $\omega^2 = \gamma_0 + 2\sum_{k=1}^{\infty}\gamma_k$ 的平稳序列，γ_k 为序列的 k 阶自协方差函数。

$$y_t = \rho y_{t-1} + u_t \tag{3-9}$$

假定（i）平稳过程 u_t 能被表达成一个 MA（∞）过程，即 $u_t = \psi(L)v_t = \sum_{k=0}^{\infty}\psi_k v_{t-k}$，$\psi(1) \neq 0$，并且 $\sum_{k=0}^{\infty} k | \psi_j | < \infty$；（$ii$）$v_t$ 为均值为 0、标准差为 σ 的独立同分布过程，并且假设四阶矩存在。

在假定（i）和（ii）下有式（3-10）和式（3-11）。

$$\omega^2 = \psi\ (1)^2\sigma^2 \tag{3-10}$$

$$\frac{1}{\sqrt{T}}\sum_{t=1}^{[T\cdot]} u_t \xrightarrow{L} \omega W(\cdot) \tag{3-11}$$

其中，$[Tr]$ 表示 Tr 的整数部分，$W(\cdot)$ 表示定义在连续函数空间 $C[0，1]$ 上的标准维纳过程。

Fan 和 Gençay（2010）使用历史上最早的 Haar 小波滤波器对序列 $\{y_t\}_{t=1}^{T}$ 进行单位尺度（或 1 水平，即 $J = 1$）的离散小波变换（DWT），同时不妨将 T 设定为偶数。那么，相应的小波和尺度系数序列分别由式（3-12）和式（3-13）给出。

$$W_{t,\ 1} = \frac{1}{\sqrt{2}}(y_{2t} - y_{2t-1})(t = 1，2，\cdots，T/2) \tag{3-12}$$

$$V_{t,\ 1} = \frac{1}{\sqrt{2}}(y_{2t} + y_{2t-1})(t = 1，2，\cdots，T/2) \tag{3-13}$$

由前文的知识可知，小波系数系列 $\{W_t\}_{t=1}^{T/2}$ 捕获 $\{y_t\}_{t=1}^{T}$ 在高频带区 $[1/2，1]$ 的动态波动，而尺度系数系列 $\{V_t\}_{t=1}^{T/2}$ 捕获 $\{y_t\}_{t=1}^{T}$ 在低频带区 $[0，1/2]$ 的动态行为。$\{y_t\}_{t=1}^{T}$ 的整个能量等于 $\{W_t\}_{t=1}^{T/2}$ 与 $\{V_t\}_{t=1}^{T/2}$ 的能量和。在本书的 3.3.1 部分已经注意到，对于单位根过程，尺度系数系列 $\{V_t\}_{t=1}^{T/2}$ 几乎以排他性方式主导 $\{y_t\}_{t=1}^{T}$ 的整个能量，由此他们构造式（3-

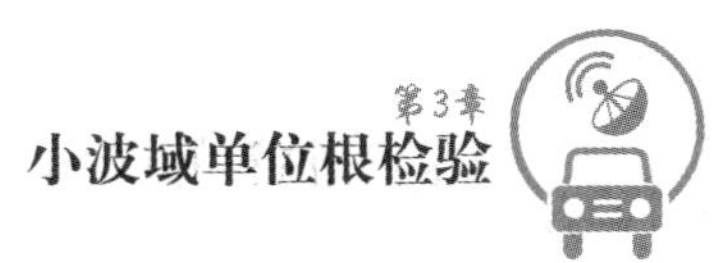

14）检验统计量。

$$\hat{S}_{T,1}=\frac{\sum_{t=1}^{T/2}V_{t,1}^{2}}{\sum_{t=1}^{T/2}V_{t,1}^{2}+\sum_{t=1}^{T/2}W_{t,1}^{2}} \tag{3-14}$$

在式（3-14）的基础上，分别建立以下的原假设和备择假设：

H_0：$\rho=1$ 为单位根过程，H_1：$\rho<1$ 为平稳过程。

受前面模拟例子的启发可知，若 H_0 为真，统计量 $\hat{S}_{T,1}$ 应该接近于 1；而在 H_1 为真的条件下，统计量 $\hat{S}_{T,1}$ 就理应比 1 小。将其用数学语言表达：若 H_0 为真，$\hat{S}_{T,1}=1+o_p(1)$，而在 H_1 为真的条件下，有 $\hat{S}_{T,1}=\frac{E(y_{2t}+y_{2t-1})}{E(y_{2t}+y_{2t-1})+E(y_{2t}-y_{2t-1})}+o_p(1)$。

且注意到：

$$\frac{E(y_{2t}+y_{2t-1})^2}{E(y_{2t}+y_{2t-1})^2+E(y_{2t}-y_{2t-1})^2}$$

$$=\frac{E[1/\sqrt{2}(y_{2t}+y_{2t-1})]^2}{E[1/\sqrt{2}(y_{2t}+y_{2t-1})]^2+E[1/\sqrt{2}(y_{2t}-y_{2t-1})]^2}$$

$$=\frac{EV_{t,1}^2}{EV_{t,1}^2+EW_{t,1}^2}<1$$

由此不难分析出，尺度系数系列的能量相比于小波系数系列能量的相对量决定了统计量 $\hat{S}_{T,1}$ 检验功效大小。

在实践中要利用检验统计量对统计假设做出有意义的推断之前，掌握检验统计量的概率分布是必要的。由于原假设均为序列为单位根过程，即非平稳的。在这种情况下，要取得检验统计量的标准分布是不太可能的，那么只有寄希望于大样本支撑下的极限分布。说到统计量的极限分布，通常人们会很自然想到统计学中两个重要的工具，即大数定律和中心极限定理。然而，基于平稳性或独立性条件下的大数定律和中心极限定理此时变得无能为力，无法适用，因为此时检验统计量均有非标准和非对称的概率分布。这里需要另外两个重要的特定工具，即维纳过程（Wiener Process）

与泛函中心极限定理（Functional Central Limit Theorem）①。

$$T(\hat{S}_{T,1}-1)=-\frac{T^{-1}\sum_{t=1}^{T}(W_{t,1}^{2}-EW_{t,1}^{2})}{T^{-2}\sum_{t=1}^{T}y_{t}^{2}}-\frac{\frac{1}{2}EW_{t,1}^{2}}{T^{-2}\sum_{t=1}^{T}y_{t}^{2}}$$
$$=\frac{o_p(1)}{\omega^2\int_0^1[W(r)]^2\mathrm{d}r}-\frac{\gamma_0}{4\omega^2\int_0^1[W(r)]^2\mathrm{d}r}$$
$$=-\frac{\gamma_0}{\lambda_v^2\int_0^1[W(r)]^2\mathrm{d}r}+o_p(1) \tag{3-15}$$

Fan 和 Gençay（2010）从理论上证明了在原假设 H_0 为真时，$T(\hat{S}_{T,1}-1)\xrightarrow{L}-\frac{\gamma_0}{\lambda_v^2\int_0^1[W(r)]^2\mathrm{d}r}$，其中 $\lambda_v^2=4\omega^2$。尽管如此，统计量 $\hat{S}_{T,1}$ 与 $T(\hat{S}_{T,1}-1)$ 都还不能立即用于实践中的模型检验，因为其中涉及两个未知参数，即 γ_0 和 λ_v^2 或 ω^2。为了达到能用于检验的目的，以 $\hat{u}_t=y_t-\hat{\rho}y_{t-1}$ 的最小二乘估计的残差样本二阶原点矩，即 $\hat{\gamma}_0=T^{-1}\sum_{t=1}^{T}\hat{u}_t$ 作为 γ_0 的替代；进而序列 $\{u_t\}$ 的长期方差 ω^2 能用式（3-16）的非参数核估计 $\hat{\omega}^2$ 作为替代。

$$\hat{\omega}^2=4\hat{\gamma}_0+2\sum_{j=1}^{q}[1-j/(q+1)]\hat{\gamma}_j \tag{3-16}$$

其中，$\hat{\gamma}_j=T^{-1}\sum_{t=j+1}^{T}\hat{u}_t\hat{u}_{t-j}$，$q$ 为核估计的窗宽或滞后截断参数，Newey 和 West（1987）建议将此参数设置为 $q=4(T/100)^{2/9}$，Fan 和 Gençay（2010）沿用这个规则。

这里需要简要说明的是，线性模型 $y_t=\rho y_{t-1}+u_t$ 参数 ρ 的最小二乘估计量具有一致性，这样同时也确保了非参数核估计量 $\hat{\omega}^2$ 也是 ω^2 的一致估计量，因此这种替代并不会影响到统计量 $T(\hat{S}_{T,1}-1)$ 的概率极限分布，即式（3-16）的成立。Andrews（1991）显示在一些矩的条件下，当滞后截断参数 q 以比 $T^{1/2}$ 稍慢的速率增长时（如最优增长速率 $T^{1/3}$），长期方差

① 有关这两个工具的详细内容可参阅文献 Hamilton（1994）。

的这个估计是一致的。

为了使检验统计量得以进一步的简化，他们设 $\hat{\lambda}_v^2 = 4\hat{\omega}^2$，并定义检验统计量 FG_1 为式（3-17）。

$$FG_1 = \frac{T\hat{\lambda}_v}{\hat{\gamma}_0}[\hat{S}_{T,1} - 1] \tag{3-17}$$

那么，在原假设下检验统计量 FG_1 的极限分布为式（3-18）。

$$FG_1 \xrightarrow{L} -\frac{1}{\int_0^1 W^2(r)\,\mathrm{d}r} \tag{3-18}$$

这样统计量 FG_1 在原假设下的极限分布不再受“讨厌”参数 γ_0 和 λ_v^2 或 ω^2 的干扰，并且很容易通过 Monte Carlo 模拟①。

3.3.2 Fan 和 Gençay（2010）方法的拓展

（1）检验对象与思想的延伸。Fan 和 Gençay（2010）为小波分析在单位根检验中的应用开辟了崭新的路径，为单位根检验提供了新视觉。然而，从本书的 3.1.1 部分可知，单位根过程有多种定义，在实践中可能需面临不同模型的检验，Fan 和 Gençay（2010）主要研究了不含漂移的单位根检验统计量的构造及其大样本性质，而对含有漂移项和带时间趋势项的单位根检验缺乏深入研究。尽管如此，他们开创性工作的学术价值在于为单位根检验提供了一个新思路，同时为小波技术在时间序列分析的理论研究中提供了新视角。因此，他们的方法仍有一定拓展空间，理论上有可能构造其他检验统计量，以提高检验功率等。并将研究对象进一步拓展，即将不含漂移项延伸至含有漂移项的单位根过程，在小波域内研究构造检验统计量，并证明其大样本收敛性质以及通过模拟方法研究其小样本性质，期望在研究范畴和方法体系方面拓展 Fan 和 Gençay（2010）的工作。

考虑含有漂移项而不含趋势项模型的检验，时间序列的观测是由式（3-19）产生。

$$y_t = a + \rho y_{t-1} + u_t \tag{3-19}$$

其中，a 表示非 0 的常量，$\{u_t\}$ 表示均值为 0、标准差为 σ 的白噪声序列。

① Fan 和 Gençay（2010）通过模拟的方法给出 3 个显著水平下的此检验统计量的临界值。

在此同样采用 Haar 小波滤波器对模型所产生的原序列 $\{y_t\}_{t=1}^{T}$ 进行单位尺度的离散小波变换（DWT），同时不妨将 T 设定为偶数。那么，相应的小波和尺度系数序列分别由 V_{1t} 和 W_{1t} 给出。定义原序列及其小波和尺度系数序列的样本方差分别如式（3-20）、式（3-21）、式（3-22）所示：

$$S_y^2 \equiv \frac{1}{T}\sum_{t=1}^{T}(y_t - \bar{y})^2 \tag{3-20}$$

$$S_{V_1}^2 \equiv \frac{1}{M}\sum_{t=1}^{M}(V_{1,t} - \bar{V}_1)^2 \tag{3-21}$$

$$S_{W_1}^2 \equiv \frac{1}{M}\sum_{t=1}^{M}(W_{1,t} - \bar{W}_1)^2 \tag{3-22}$$

其中，$\bar{y} = \frac{1}{T}\sum_{t=1}^{T} y_t$，$\bar{V}_1 = \frac{1}{M}\sum_{t=1}^{M} V_{1,t}$，$\bar{W}_1 = \frac{1}{M}\sum_{t=1}^{M} W_{1,t}$，$M = \frac{T}{2}$。

从前文可知，Fan 和 Gençay（2010）的基本思路是利用在原假设与备择假设条件下，原序列的总能量（$\sum_{t=1}^{T} y_t^2$）以小波系数与尺度系数序列分配比例上的差异为出发点，构造检验统计量，从而对不含漂移项单位根过程做出检验与识别。然而，本书构造检验统计量的基本策略与 Fan 和 Gençay（2010）有很大的差异，主要是以原序列的样本方差与其小波系数序列、尺度系数系列的样本方差之间耦合机制在原假设与备择假设下的差异为出发点，构造检验统计量。下面将在不同假设条件下，上述的三个系列样本方差之间耦合机制的差异以引理 3.1 的形式陈述。

引理 3.1 在 $H_0(\rho = 1)$ 下，$2S_y^2 - S_{V_1}^2 - S_{W_1}^2 \xrightarrow{p} \frac{a^2}{2}$，$S_{W_1}^2 \xrightarrow{p} \frac{\sigma^2}{2}$；在 $H_1(|\rho| < 1)$ 下，$2S_y^2 - S_{V_1}^2 - S_{W_1}^2 \xrightarrow{P} 0$，$S_{W_1}^2 \xrightarrow{p} \frac{\sigma^2}{1+\rho}$。

此引理的证明过程在 3.4.1 部分。引理 3.1 说明统计量 $2S_y^2 - S_{V_1}^2 - S_{W_1}^2$ 无论是在原假设 $H_0(\rho=1)$ 下，还是在备择假设 $H_1(|\rho| < 1)$ 下的分布均收敛到一个常数质点，即随机性得于退化，这样显然对于假设检验不是有帮助的。那么，面对如此情形，一般的处理办法是在此统计量之前乘以样本容量的相应次幂，以降低其收敛速度，得到统计量的非退化渐近分布。然而，由于统计量 $2S_y^2 - S_{V_1}^2 - S_{W_1}^2$ 中常数项 $\frac{a^2}{2}$ 的存在，又会导致统计量的数学期望在原假设下趋于无穷，对假设检验而言是有害的。

（2）检验统计量的构造及大样本性质。通过以上分析可知，要在以 $\rho=1$ 为原假设的基础上构造持有非退化的渐近分布的检验统计量，关键是消去统计量 $2S_y^2-S_{V_1}^2-S_{W_1}^2$ 中的常数项 $a^2/2$。但是，$a^2/2$ 事前为未知，所以无法简单地消除。那么，本书采取了更深层次地利用原序列的样本方差与其小波系数系列、尺度系数系列的样本方差之间内在关系，将常存的常数项 $a^2/2$ 消除。从本书 3.5.1 引理 3.1 的证明过程中不难发现，若在原系列的样本方差 S_y^2 前乘以 $8M^2-8/4M^2-1$，并非乘以常数 2，的确能消去常数项 $a^2/2$，且有式（3-23）的成立，详细的证明见本章的 3.5.3 部分有关定理 3.1 的证明。

$$
\begin{aligned}
&\frac{8M^2-8}{4M^2-1}S_y^2-S_{V_1}^2\\
&=\frac{-6}{(4M^2-1)M}\sum_{t=1}^{M}\xi_{2t-1}^2+\frac{-6}{(4M^2-1)M}\sum_{t=1}^{M}\xi_{2t-1}u_{2t}\\
&+\frac{4M^2-7}{2(4M^2-1)M}\sum_{t=1}^{M}u_{2t}^2+\frac{-24a}{(4M^2-1)M}\sum_{t=1}^{M}t\xi_{2t-1}\\
&+\frac{12}{(4M^2-1)}\left(1+\frac{1}{M}\right)a\sum_{t=1}^{M}\xi_{2t-1}+\frac{-12a}{(4M^2-1)M}\sum_{t=1}^{M}tu_{2t}\\
&+\frac{6}{(4M^2-1)M^2}\left(\sum_{t=1}^{M}\xi_{2t-1}\right)^2+\frac{6}{(4M^2-1)M^2}\sum_{t=1}^{M}\xi_{2t-1}\sum_{t=1}^{M}u_{2t}\\
&+\frac{3}{2(4M^2-1)M^2}\left(\sum_{t=1}^{M}u_{2t}\right)^2+\frac{4M^2+6M+2}{(4M^2-1)M}a\sum_{t=1}^{M}u_{2t}
\end{aligned}
\qquad (3\text{-}23)
$$

其中，$\xi_t=u_1+u_2+\cdots+u_t$，$\xi_j=0(j=0,\ -1,\ -2,\ \cdots)$，其他符号含义同上。

在式（3-23）中，以和形式组成 $\frac{8M^2-8}{4M^2-1}S_y^2-S_{V_1}^2$ 的 10 项随机序列有不同收敛性质和收敛速度，掌握它们各自的收敛性质是构建检验统计量和给出后续检验临界值的重要理论基础。在此，将所涉及的随机序列的收敛性质以引理 3.2 给出，具体证明见本书的 3.4.2 部分。

引理 3.2 假定 ξ_t 服从一个不含漂移的随机游走，即式（3-24）。

$$\xi_t=\xi_{t-1}+u_t \qquad (3\text{-}24)$$

其中，$\xi_0=0$，并且 $\{u_t\}$ 为一个均值为 0，方差为 σ^2 的独立同分布的序列。那么当 $M\to\infty$ 时有式（3-25）至式（3-31）。

$$M^{-3/2}\sum_{t=1}^{M}\xi_{2t-1}\xrightarrow{L}\sqrt{2}\sigma\int_0^1 W(r)\,\mathrm{d}r \tag{3-25}$$

$$M^{-3/2}\sum_{t=1}^{M}tu_{2t-1}\xrightarrow{L}\sigma W_1(1)-\sigma\int_0^1 W_1(r)\,\mathrm{d}r \tag{3-26}$$

$$M^{-3/2}\sum_{t=1}^{M}tu_{2t}\xrightarrow{L}\sigma W_2(1)-\sigma\int_0^1 W_2(r)\,\mathrm{d}r \tag{3-27}$$

$$M^{-1}\sum_{t=1}^{M}\xi_{2t-1}u_{2t}\xrightarrow{L}\frac{1}{2}\sigma^2\{[W(1)]^2-1\} \tag{3-28}$$

$$M^{-2}\sum_{t=1}^{M}\xi_{2t-1}^2\xrightarrow{L}2\sigma^2\int_0^1[W(r)]^2\mathrm{d}r \tag{3-29}$$

$$M^{-5/2}\sum_{t=1}^{M}t\xi_{2t-1}\xrightarrow{L}\sqrt{2}\sigma\int_0^1 rW(r)\,\mathrm{d}r \tag{3-30}$$

$$M^{-1/2}\sum_{t=1}^{M}u_{2t}\xrightarrow{L}\sigma W_2(1) \tag{3-31}$$

其中，$W_i(1)$（$i=1, 2$）分别为两个独立的标准维纳过程，并且满足式（3-32）。

$$W_1(r)+W_2(r)=\sqrt{2}W(r),\ r\in[0,\ 1] \tag{3-32}$$

结合引理 3.2 再次分析式（3-23），可以发现在构成 $\frac{8M^2-8}{4M^2-1}S_y^2-S_{V_1}^2$ 的 10 项随机序列中，第三项 $\frac{4M^2-7}{2(4M^2-1)M}\sum_{t=1}^{M}u_{2t}^2$ 收敛速度最慢，且其分布趋于退化至一个质点，即 $\frac{4M^2-7}{2(4M^2-1)M}\sum_{t=1}^{M}u_{2t}^2\xrightarrow{p}\frac{\sigma^2}{2}$；而其他 9 项的收敛速度均比第三项快。无疑又出现另外一个两难的问题，即要得到统计量 $\frac{8M^2-8}{4M^2-1}S_y^2-S_{V_1}^2$ 的极限分布，就必须在其他 9 项前乘以 M 的正次幂，但此时第三项将不收敛，进而致使统计量 $\frac{8M^2-8}{4M^2-1}S_y^2-S_{V_1}^2$ 整体不收敛；若不乘以 M 的正次幂，又无法获得统计量 $\frac{8M^2-8}{4M^2-1}S_y^2-S_{V_1}^2$ 的极限分布。为了解决这个问题，再次利用 $\frac{8M^2-8}{4M^2-1}S_y^2-S_{V_1}^2$ 与 $S_{W_1}^2$ 的内在关系，将 $\frac{8M^2-8}{4M^2-1}S_y^2-S_{V_1}^2$ 中无极限分布的第三项消除，即在 $S_{W_1}^2$ 前乘以 $\frac{4M^2-7}{4M^2-1}$（并非常数 0）后再

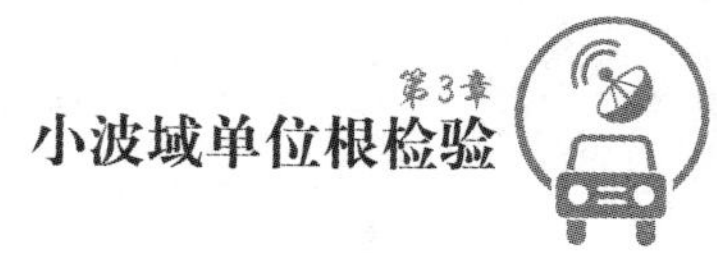

与 $\frac{8M^2-8}{4M^2-1}S_y^2 - S_{V_1}^2$ 做差法运算。具体处理如式（3-33）所示。

$$\left.\begin{array}{l}\frac{8M^2-8}{4M^2-1}S_y^2 \\ -S_{V_1}^2 \\ -\frac{4M^2-7}{4M^2-1}S_{W_1}^2\end{array}\right\} = \left\{\begin{array}{l}\frac{-6}{(4M^2-1)M}\sum_{t=1}^{M}\xi_{2t-1}^2 + \frac{-6}{(4M^2-1)M}\sum_{t=1}^{M}\xi_{2t-1}u_{2t} \\ +\frac{-24a}{(4M^2-1)M}\sum_{t=1}^{M}t\xi_{2t-1} + \frac{12}{4M^2-1}(1+\frac{1}{M})a\sum_{t=1}^{M}\xi_{2t-1} \\ +\frac{-12\alpha}{(4M^2-1)M}\sum_{t=1}^{M}tu_{2t} + \frac{6}{(4M^2-1)M^2}(\sum_{t=1}^{M}\xi_{2t-1})^2 \\ +\frac{6}{(4M^2-1)M^2}\sum_{t=1}^{M}\xi_{2t-1}\sum_{t=1}^{M}u_{2t} + \frac{2M^2-2}{(4M^2-1)M^2}(\sum_{t=1}^{M}u_{2t})^2 \\ +\frac{4M^2+6M+2}{(4M^2-1)M}a\sum_{t=1}^{M}u_{2t}\end{array}\right. \tag{3-33}$$

根据引理 3.2，构成统计量 $\frac{8M^2-8}{4M^2-1}S_y^2 - S_{V_1}^2 - \frac{4M^2-7}{(4M^2-1)}S_{W_1}^2$ 的 9 项随机序列的收敛速度可概括为式（3-34）。

$$\left.\begin{array}{l}\frac{8M^2-8}{4M^2-1}S_y^2 \\ -S_{V_1}^2 \\ -\frac{4M^2-7}{4M^2-1}S_{W_1}^2\end{array}\right\} = \left\{\begin{array}{l}O_p(M^{-1}) + O_p(M^{-2}) \\ +O_p(M^{-1/2}) + O_p(M^{-1/2}) \\ +O_p(M^{-3/2}) + O_p(M^{-1}) \\ +O_p(M^{-2}) + O_p(M^{-1}) \\ +O_p(M^{-1/2})\end{array}\right. \tag{3-34}$$

结合引理3.2和式（3-33）的指引，可知在统计量 $\frac{8M^2-8}{4M^2-1}S_y^2-S_{V_1}^2-\frac{4M^2-7}{4M^2-1}S_{W_1}^2$ 前乘以 M 的 $\frac{1}{2}$ 次幂后，只有第3项、第4项和第9项对统计量 $\sqrt{M}\left(\frac{8M^2-8}{4M^2-1}S_y^2-S_{V_1}^2-\frac{4M^2-7}{4M^2-1}S_{W_1}^2\right)$ 的极限有意义，且存在极限分布，其他6项均将依概率收敛至0质点。

巧妙的是，由于 $\lim\limits_{M\to\infty}\frac{8M^2-8}{4M^2-1}=2$ 和 $\lim\limits_{M\to\infty}\frac{4M^2-7}{4M^2-1}=1$，因此统计量 $\frac{8M^2-8}{4M^2-1}S_y^2-S_{V_1}^2-\frac{4M^2-7}{4M^2-1}S_{W_1}^2$ 在备择假设 $H_1(|\rho|<1)$ 将和统计量 $2S_y^2-S_{V_1}^2-S_{W_1}^2$ 一样以同样的速度依概率收效到0质点，进而有式（3-35）以及式（3-36）的成立。

$$\frac{2S_y^2-S_{V_1}^2-S_{W_1}^2}{\frac{8M^2-8}{4M^2-1}S_y^2-S_{V_1}^2-\frac{4M^2-7}{4M^2-1}S_{W_1}^2}\xrightarrow{p}1 \tag{3-35}$$

$$\frac{2S_y^2-S_{V_1}^2-S_{W_1}^2}{\sqrt{M}\left(\frac{8M^2-8}{4M^2-1}S_y^2-S_{V_1}^2-\frac{4M^2-7}{4M^2-1}S_{W_1}^2\right)}\xrightarrow{p}0 \tag{3-36}$$

至此，提出检验统计量 $\chi_{W_1}^2\equiv\frac{(2S_y^2-S_{V_1}^2-S_{W_1}^2)\sqrt{S_{W_1}^2}}{\sqrt{M}\left(\frac{8M^2-8}{4M^2-1}S_y^2-S_{V_1}^2-\frac{4M^2-7}{4M^2-1}S_{W_1}^2\right)}$，并以定理3.1陈述其在原假设和备择假设下的收敛性质和极限分布。

定理 3.1 在 $H_0(\rho=1)$（存在单位根）下，检验统计量 $\chi_{W_1}^2\xrightarrow{L}\frac{a}{-24\int_0^1 rW(r)\mathrm{d}r+12\int_0^1 W(r)\mathrm{d}r+2\sqrt{2}W_2(1)}$，$H_1(|\rho|<1)$（不存在单位根）下，$\chi_{W_1}^2\xrightarrow{P}0$。

检验统计量 $\chi_{W_1}^2$ 在备择假设 $H_1(|\rho|<1)$ 的收敛性质，通过之前的分析

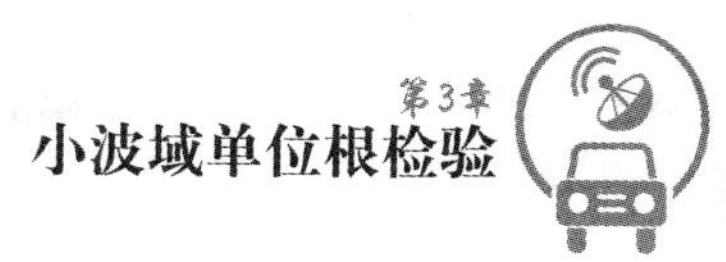

可知显然是成立的，至于其在原假设下 $H_0(\rho=1)$ 极限分布更严格的证明见本书 3.4.3 部分。

在原假设下，检验统计量 $\chi^2_{W_1}$ 的极限分布中含有未知参数 a，可以用普通最小二乘方法对模型进行估计，得到参数 a 的一致估计 $\hat{a}$。其实，无论真实模型是单位根过程还是非单位根过程，$\hat{a}$ 均为参数 a 的一致估计。因此，很自然有推论 3.1 的成立。

推论 3.1 在 $H_0(\rho=1)$（存在单位根）下，统计量 $\frac{\chi^2_{W_1}}{} \xrightarrow{L} \frac{1}{-24\int_0^1 rW(r)\mathrm{d}r+12\int_0^1 W(r)\mathrm{d}r+2\sqrt{2}W_2(1)}$，$H_1(|\rho|<1)$（不存在单位根）下，$\frac{\chi^2_{W_1}}{\hat{a}} \xrightarrow{P} 0$，其中 $\hat{a}$ 为检验模型 $y_t=a+\rho y_{t-1}+u_t$ 的普通最小二乘估计量。

根据推论 3.1 可定义以下更具操作价值的检验统计量：$TXL_1=\left|\frac{\chi^2_{W_1}}{\hat{a}}\right|$，且知其在原假设 $H_0(\rho=1)$ 和在备择假设下的概率极限分别为 $\left|\frac{1}{-24\int_0^1 rW(r)\mathrm{d}r+12\int_0^1 W(r)\mathrm{d}r+2\sqrt{2}W_2(1)}\right|$ 和 0。因此，利用检验统计量 TXL_1 进行在原假设 $H_0(\rho=1)$ 下的左侧假设检验，构成对整个模型进行单位根检验的有效路径。

特别强调的是，统计量 TXL_1 在备择假设下依概率收敛至 0，而不像之前一些其他检验统计量一样，依分布收敛到随机变量。这一特性对提高检验功率（又称检验势）极其重要。因为，这一特性保证了检验统计量在原假设与备择假设下概率分布有更小的重叠。

由于检验统计量 TXL_1 的极限分布收敛于复杂的随机泛函，非经典的概率分布，因此其检验临界值只能由大量的统计模拟而产生。为了更有效地获取 TXL_1 的左侧分位点，MacKinnon（2000）的模拟策略，即分别在 $N=$ 50，50，100，100，200，200，400，400，800，800，1600，1600，2000，2000，4000，4000，8000，10000（N 为等量细分区间［0，1］若干小区间的个数）下，通过重复 10000 次模拟产生检验统计量 TXL_1 在显著水平 $\alpha=$

0.05 下的临界值，这样就有了在给定显著水平 0.05 下的 18 个临界值，记为 q^{α}（N_i）（$i=1$，2，…，10）。再根据这 18 个临界值 $q^{\alpha}(N_i)$ 和 N_i 建立回归方程(3-37)。并用 OLS 估计方程（3-37），那么参数 θ_{∞}^{α} 的估计值就是检验统计量 TXL_1 极限分布在显著水平 $\alpha=0.05$ 下的临界值高度近似。

$$q^{\alpha}(N_i)=\theta_{\infty}^{\alpha}+\theta_1^{\alpha}\frac{1}{N_i}+\theta_2^{\alpha}\frac{1}{N_i^2}+\theta_3^{\alpha}\frac{1}{N_i^3}+\theta_4^{\alpha}\frac{1}{N_i^4}+\theta_5^{\alpha}\frac{1}{N_i^5}+\varepsilon_i \quad (3-37)$$

选择 $\alpha=0.01$ 和 $\alpha=0.1$，再重复以上步骤，即可获取检验统计量 TXL_1 极限分布在不同显著水平的临界值，模拟过程共耗时五天零三小时，在 3 个水平下的临界值如表 3-2 所示。从模拟过程的本能感觉到，可能受个人电脑性能和精度的制约，表 3-2 中临界值还不够近似，若有更高性能计算机的辅助运算，提高模拟维纳过程的序列长度和循环重复的次数，这些数值完全可能再向分布的左侧移动。另外，其中涉及的一些技术细节，在很多教科书均能找到，在此不细述。

表 3-2 检验统计量 TXL_1 极限分布的临界值

$\alpha=0.01$	$\alpha=0.05$	$\alpha=0.1$
0.3113	0.4145	0.4957

（3）有限样本下检验表现的 Monte Carlo 仿真。表 3-2 列出了检验统计量 TXL_1 大样本的极限分布的临界值，但实际应用实践中，分析绝大多数时候仅能拥有有限样本（或小样本）的数据资料。因此，分析检验统计量 TXL_1 在有限样本条件下的表现和其他性质，以直观的方式验证本书提出的检验方法在实践应用的检验效率是十分必要的。下面将设计的 Monte Carlo 实验，分别分析检验统计 TXL_1 在有限样本情况下的性质，即检验势与检验水平①。

以模型为数据产生机制，另外为了简化模拟程序，将随机误差项设置

① 检验势在外文文献中称为 Test Power，是指在名义显著水平的临界值下，备择假设为真时而接受备择假设的概率，也就是 1-β 的值，其中 β 为犯第二错误的概率。检验水平在外文文献中称为 Test Size，指在名义显著水平的临界值下，原假设为真时而拒绝原假设的实际概率，分析中将其用来考察检验统计量极限分布的临界值和有限样本条件下的临界值变化。因此，一个优良的检验统计量应具有与名义显著水平大致相等的检验水平以及充分接近 1 的检验势。

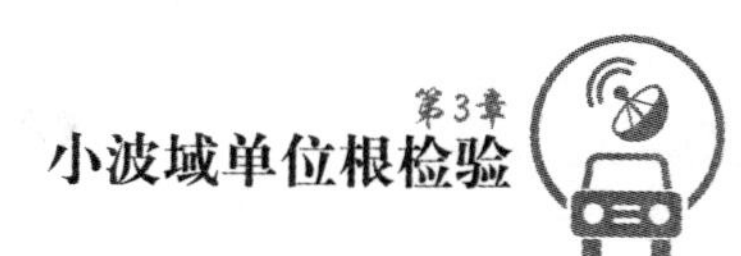

成独立同分布的正态分布随机序列。参数设定说明如下：首先，为了启动数据的产生，设初始值 $y_0=0$；其次，分别以 $\sigma^2=1$、2 和 4 考察检验统计量 TXL_1 对不同的信噪比所做出的响应；再次，分别以 $T=200$、500 和 1000，分析检验统计量 TXL_1 在不同样本容量下的具体表现；又次，分别以 $a=1$、20 和 40 考察不同数值的截距项对检验效率的影响；最后，分别以 $\rho=0.99$ 和 0.98 具体展示检验统计量 TXL_1 的检验势，以及以 $\rho=1$ 展示检验水平。

为了减小人造序列初值 $y_0=0$ 的影响和尽量保持误差项的随机性，将序列前 200 个数燃烧掉，从第 201 个随机数开始截取长度为 T 的时间序列。每个参数以不同的取值再构成多类不同的组合，模拟过程中对每一组合进行 50000 次的重复实验，最后计算每个组合下检验势与检验水平，结果如表 3-3 和表 3-4 所示。

表 3-3 整体显示，在不同取值的各种参数的所有组合下，检验统计量 TXL_1 有限样本的检验势均十分高。而且在细节上呈现如下统计规律：其一，随着样本容量的增大，其检验势也相应地随着提高。如当 $a=40$、$\sigma^2=1$、$\rho=0.99$ 和 $T=200$ 时，检验统计量 TXL_1 在名义显著水平 $\alpha=0.05$ 下的检验势为 0.9488；而当样本容量增加至 $T=500$ 和 $T=1000$，而其他参数设定不变时，其检验势也相应地提高到 0.9994 和 1。其二，截距项 a 的大小对检验势的强弱有一定的影响，a 值越大，检验统计量 TXL_1 检验势越强。另外，$a=20$、$\sigma^2=1$、$\rho=0.99$ 和 $T=200$ 时，检验统计量 TXL_1 在名义显著水平 $\alpha=0.05$ 的检验势为 0.9336，而当截距项 a 增加至 $a=20$ 和 $a=40$。而其他参数取值不变时，其检验势分别提高到 0.9442 和 0.9994。其三，代表信噪比的 σ^2 取值大小对检验统计量 TXL_1 检验势的影响是负面的，即 σ^2 的值越大，检验势会越低，这其中的原因不言而喻。其四，检验统计量 TXL_1 检验势，对标识与单位根过程接近程度参数 ρ 的变化也给出了正常响应，也就是 ρ 的绝对值越大，检验势就会越低①。

① 这也是任何一个以 $\rho=1$ 为原假设而建立的检验统计量的基本性质，所以将此现象称为正常响应。

表 3-3 检验统计量 TXL_1 有限样本下的单位根检验势

a	$\sigma^2=1$			$\sigma^2=2$			$\sigma^2=4$		
	1%	5%	10%	1%	5%	10%	1%	5%	10%
				$T=2M=200\rho=0.99$					
1	0.9136	0.9336	0.9432	0.8972	0.9182	0.9312	0.8768	0.9046	0.9184
20	0.9282	0.9442	0.9532	0.9312	0.9486	0.9554	0.9340	0.9514	0.9608
40	0.9328	0.9488	0.9568	0.9276	0.9456	0.9544	0.9322	0.9478	0.9568
				$T=2M=500\rho=0.99$					
1	0.9524	0.9630	0.9686	0.9250	0.9442	0.9522	0.9030	0.9288	0.9392
20	0.9886	0.9908	0.9922	0.9790	0.9828	0.9854	0.9798	0.9858	0.9884
40	0.9992	0.9992	0.9994	0.9986	0.9990	0.9992	0.9926	0.9944	0.9954
				$T=2M=1000\rho=0.99$					
1	0.9644	0.9752	0.9786	0.9538	0.9640	0.9704	0.9258	0.9454	0.9530
20	0.9998	1.0000	1.0000	0.9972	0.9974	0.9976	0.9920	0.9942	0.9964
40	1.0000	1.0000	1.0000	1.0000	1.0000	1.0000	0.9998	1.0000	1.0000
				$T=2M=200\rho=0.98$					
1	0.9212	0.9404	0.9506	0.8956	0.9196	0.9316	0.8542	0.8878	0.9032
20	0.9930	0.9946	0.9954	0.9922	0.9948	0.9956	0.9914	0.9934	0.9944
40	0.9964	0.9972	0.9976	0.9946	0.9958	0.9962	0.9930	0.9952	0.9958

续表

a	$\sigma^2=1$			$\sigma^2=2$			$\sigma^2=4$		
	1%	5%	10%	1%	5%	10%	1%	5%	10%
$T=2M=500\ \rho=0.98$									
1	0.9506	0.9636	0.9702	0.9238	0.9432	0.9520	0.8954	0.9218	0.9366
20	0.9968	0.9976	0.9978	0.9962	0.9972	0.9974	0.9938	0.9952	0.9962
40	1.0000	1.0000	1.0000	1.0000	1.0000	1.0000	0.9998	1.0000	1.0000
$T=2M=1000\ \rho=0.98$									
1	0.9642	0.9732	0.9790	0.9538	0.9648	0.9706	0.9282	0.9464	0.9548
20	0.9988	0.9992	0.9994	0.9982	0.9990	0.9994	0.9968	0.9978	0.9978
40	1.0000	1.0000	1.0000	1.0000	1.0000	1.0000	0.9998	1.0000	1.0000

表 3-4　检验统计量 TXL_1 有限样本下的检验水平

a	$\sigma^2=1$			$\sigma^2=2$			$\sigma^2=4$		
	1%	5%	10%	1%	5%	10%	1%	5%	10%
$T=2M=200$									
1	0. 0722	0. 1806	0. 2602	0. 0636	0. 1862	0. 2662	0. 0490	0. 1788	0. 2622
20	0. 0456	0. 1704	0. 2528	0. 0532	0. 1766	0. 2628	0. 0448	0. 1718	0. 2528
40	0. 0434	0. 1750	0. 2626	0. 0500	0. 1772	0. 2622	0. 0520	0. 1832	0. 2668
$T=2M=500$									
1	0. 0428	0. 1696	0. 2594	0. 0586	0. 1764	0. 2484	0. 0766	0. 1932	0. 2714
20	0. 0480	0. 1736	0. 2596	0. 0452	0. 1702	0. 2586	0. 0416	0. 1758	0. 2630
40	0. 0462	0. 1708	0. 2486	0. 0410	0. 1646	0. 2518	0. 0420	0. 1630	0. 2530
$T=2M=1000$									
1	0. 0420	0. 1596	0. 2534	0. 0574	0. 1710	0. 2564	0. 0530	0. 1872	0. 2688
20	0. 0398	0. 1690	0. 2532	0. 0498	0. 1720	0. 2530	0. 0444	0. 1740	0. 2590
40	0. 0292	0. 1738	0. 2606	0. 0448	0. 1762	0. 2582	0. 0456	0. 1800	0. 2590

表 3-4 首先总体上显示检验统计量 TXL_1 在有限样本条件下出现一定程度的检验水平扭曲，扭曲方向为右①。产生检验水平扭曲的主要原因是由于统计量在大样本与有限样本条件下的统计性质的差异。其次是计算机模拟精度的问题。检验水平在大样本与有限样本不同情形下出现扭曲也是类似检验统计量的普遍现象，例如 Schwert（1989）以大量的仿真实验证实了由 Philips 和 Perron 在 1988 年提出的 PP 检验存在严重检验水平扭曲。鉴于以上结果，建议在实际应用中采用名义显著水平 $\alpha = 0.01$ 进行检验，以降低犯“第一类错误”的可能性，因为表 3-4 表明检验统计量 TXL_1 在这个水平下扭曲程度最低。另外，除了理论上完成本检验统计量的构建外，继续通过更大量的 MontCarlo 模拟产生不同样本容量下的临界值，再利用更高的分辨率拟合检验统计量 TXL_1，从而获取它的响应函数，再对各显著水平下的临界值进行校正，是解决检验水平扭曲的一条切实可行，也是本书今后所要深入的研究工作之一。

各参数取值大小对检验统计量 TXL_1 实际检验水平的影响表现如下：首先，a 值越大，检验统计量 TXL_1 实际检验水平越小，扭曲程度越低。例如，$a = 1$、$\sigma^2 = 1$ 和 $T = 200$ 时，检验统计量 TXL_1 在名义显著水平 $\alpha = 0.01$ 下的实际检验水平为 0.0722，扭曲程度为 0.0622，而当截距项 a 增加至 $a = 20$ 和 $a = 40$ 而其他参数取值不变时，其实际检验水平分别降到 0.0456 和 0.0434，相应的扭曲程度分别降到 0.0356 和 0.0334。其次，σ^2 对检验统计量 TXL_1 实际检验水平的影响也是负面的，即 σ^2 的值越大，检验水平扭曲越高。最后，样本容量 T 仍如“万金油”般地正面影响检验统计量 TXL_1 的实际检验水平，对有效地降低检验水平的扭曲程度发挥着简单而直接的作用。

3.4 本章引理、定理的证明

3.4.1 引理 3.1 的证明

在 $H_0(\rho = 1)$ 下，有：

---

① 检验水平扭曲在外文文献中称为 Test Size Distortion，是指实际显著水平与名义显著水平的不一致，同时将实际显著水平值大于名义显著水平值称为右方扭曲；反之，称为左方扭曲。

$$S_y^2 \equiv \frac{1}{T}\sum_{t=1}^{T}(y_t - \bar{y})^2 = \frac{1}{T}\sum_{t=1}^{T}y_t^2 - (\frac{1}{T}\sum_{t=1}^{T}y_t)^2$$

$$= \frac{1}{T}\sum_{t=1}^{T}(a + y_{t-1} + u_t)^2 - \frac{1}{T^2}[\sum_{t=1}^{T}(a + y_{t-1} + u_t)]^2$$

$$= \frac{1}{T}\sum_{t=1}^{T}(at + u_1 + u_2 + \cdots + u_{t-1} + y_0 + u_t)^2$$

$$- \frac{1}{T^2}[\sum_{t=1}^{T}(at + u_1 + u_2 + \cdots + u_{t-1} + y_0 + u_t)]^2$$

设 $\xi_t = u_1 + u_2 + \cdots + u_t$，$\xi_j = 0(j = 0, -1, -2, \cdots)$；显然，$\{\xi\}_{t=1}^{T}$ 为一随机游走序列，进而有：

$S_y^2 = \frac{1}{T}\sum_{t=1}^{T}(at + \xi_t + y_0)^2 - \frac{1}{T^2}[\sum_{t=1}^{T}(at + \xi_t + y_0)]^2$，消去对结果无影响的 y_0 的项，并做整理得到：

$$S_y^2 = \frac{1}{T}\sum_{t=1}^{T}(at + \xi_t)^2 - \frac{1}{T^2}[\sum_{t=1}^{T}(at + \xi_t)]^2$$

$$= \frac{1}{T}\sum_{t=1}^{T}(t^2a^2 + \xi_t^2 + 2at\xi_t) - \frac{1}{T^2}[(\sum_{t=1}^{T}at)^2 + (\sum_{t=1}^{T}\xi_t)^2 + 2\sum_{t=1}^{T}at\sum_{t=1}^{T}\xi_t]$$

$$= \frac{a^2}{T}\sum_{t=1}^{T}t^2 + \frac{1}{T}\sum_{T=1}^{T}\xi_t^2 + \frac{2a}{T}\sum_{T=1}^{T}t\xi_t$$

$$- [\frac{a^2}{T^2}(\sum_{t=1}^{T}t)^2 + \frac{1}{T^2}(\sum_{t=1}^{T}\xi_t)^2 + \frac{2a}{T^2}\sum_{t=1}^{T}t\sum_{t=1}^{T}\xi_t]$$

$$= \frac{a^2}{T}(\frac{T^3}{3} + \frac{T^2}{2} + \frac{T}{6}) + \frac{1}{T}\sum_{t=1}^{T}\xi_t^2 + \frac{2a}{T}\sum_{t=1}^{T}t\xi_t$$

$$- [\frac{a^2}{T^2}(\frac{T^2}{2} + \frac{T}{2})^2 + \frac{1}{T^2}(\sum_{t=1}^{T}\xi_t)^2 + \frac{2a}{T^2}(\frac{T^2}{2} + \frac{T}{2})\sum_{t=1}^{T}\xi_t]$$

$$= (\frac{4T^2 + 6T + 2}{12})a^2 + \frac{1}{T}\sum_{t=1}^{T}\xi_t^2 + \frac{2a}{T}\sum_{t=1}^{T}t\xi_t$$

$$-[(\frac{T^2+2T+1}{4})a^2+\frac{1}{T^2}(\sum_{t=1}^{T}\xi_t)^2+(1+\frac{1}{T})a\sum_{t=1}^{T}\xi_t]$$

$$=(\frac{T^2-1}{12})a^2+\frac{1}{T}\sum_{t=1}^{T}\xi_t^2+\frac{2a}{T}\sum_{t=1}^{T}t\xi_t-[(\sum_{t=1}^{T}\xi_t)^2+(1+\frac{1}{T})a\sum_{t=1}^{T}\xi_t]$$

再将 $T=2M$ 代入上式，得到：

$$S_y^2=(\frac{4M^2-1}{12})a^2+\frac{1}{2M}(\sum_{t=1}^{M}\xi_{2t-1}^2+\sum_{t=1}^{M}\xi_{2t}^2)$$

$$+\frac{a}{M}[\sum_{t=1}^{M}(2t-1)\xi_{2t-1}+\sum_{t=1}^{M}2t\xi_{2t}]$$

$$-[(\frac{1}{2M}\sum_{t=1}^{M}\xi_{2t-1}+\frac{1}{2M}\sum_{t=1}^{M}\xi_{2t})^2+(1+\frac{1}{2M})a(\sum_{t=1}^{M}\xi_{2t-1}+\sum_{t=1}^{M}\xi_{2t})]$$

$$=(\frac{4M^2-1}{12})a^2+\frac{1}{2M}\sum_{t=1}^{M}\xi_{2t-1}^2+\frac{1}{2M}\sum_{t=1}^{M}\xi_{2t}^2+\frac{2a}{M}\sum_{t=1}^{M}t\xi_{2t-1}$$

$$-\frac{a}{M}\sum_{t=1}^{M}\xi_{2t-1}+\frac{2a}{M}\sum_{t=1}^{M}t\xi_{2t}$$

$$-[(\frac{1}{2M}\sum_{t=1}^{M}\xi_{2t-1})^2+2(\frac{1}{2M}\sum_{t=1}^{M}\xi_{2t-1})(\frac{1}{2M}\sum_{t=1}^{M}\xi_{2t})+(\frac{1}{2M}\sum_{t=1}^{M}\xi_{2t})^2$$

$$+(1+\frac{1}{2M})a\sum_{t=1}^{M}\xi_{2t-1}+(1+\frac{1}{2M})a\sum_{t=1}^{M}\xi_{2t}]$$

并将 ξ_{2t} 转换成 ξ_{2t-1}，再次整理：

$$S_y^2=(\frac{4M^2-1}{12})a^2+\frac{1}{2M}\sum_{t=1}^{M}\xi_{2t-1}^2+\frac{1}{2M}\sum_{t=1}^{M}(\xi_{2t-1}+u_{2t})^2$$

$$+\frac{2a}{M}\sum_{t=1}^{M}t\xi_{2t-1}-\frac{a}{M}\sum_{t=1}^{M}\xi_{2t-1}+\frac{2a}{M}\sum_{t=1}^{M}t(\xi_{2t-1}+u_{2t})$$

$$-\{(\frac{1}{2M}\sum_{t=1}^{M}\xi_{2t-1})^2+2(\frac{1}{2M}\sum_{t=1}^{M}\xi_{2t-1})[\frac{1}{2M}\sum_{t=1}^{M}(\xi_{2t-1}+u_{2t})]$$

$$+ [\frac{1}{2M}\sum_{t=1}^{M}(\xi_{2t-1} + u_{2t})]^2 + (1 + \frac{1}{2M})a\sum_{t=1}^{M}\xi_{2t-1}$$

$$+ (1 + \frac{1}{2M})a\sum_{t=1}^{M}(\xi_{2t-1} + u_{2t})\}$$

$$= (\frac{4M^2 - 1}{12})a^2 + \frac{1}{2M}\sum_{t=1}^{M}\xi_{2t-1}^2 + \frac{1}{2M}\sum_{t=1}^{M}\xi_{2t-1}^2$$

$$+ \frac{1}{M}\sum_{t=1}^{M}\xi_{2t-1}u_{2t} + \frac{1}{2M}\sum_{t=1}^{M}u_{2t}^2$$

$$+ \frac{2\alpha}{M}\sum_{t=1}^{M}t\xi_{2t-1} - \frac{a}{M}\sum_{t=1}^{M}\xi_{2t-1} + \frac{2a}{M}\sum_{t=1}^{M}t\xi_{2t-1} + \frac{2a}{M}\sum_{t=1}^{M}tu_{2t}$$

$$- [(\frac{1}{2M}\sum_{t=1}^{M}\xi_{2t-1})^2 + 2(\frac{1}{2M}\sum_{t=1}^{M}\xi_{2t-1})^2 + 2(\frac{1}{2M}\sum_{t=1}^{M}\xi_{2t-1})(\frac{1}{2M}\sum_{t=1}^{M}u_{2t})$$

$$+ (\frac{1}{2M}\sum_{t=1}^{M}\xi_{2t-1})^2 + 2(\frac{1}{2M}\sum_{t=1}^{M}\xi_{2t-1})(\frac{1}{2M}\sum_{t=1}^{M}u_{2t}) + (\frac{1}{2M}\sum_{t=1}^{M}u_{2t})^2$$

$$+ (1 + \frac{1}{2M})a\sum_{t=1}^{M}\xi_{2t-1} + (1 + \frac{1}{2M})\alpha\sum_{t=1}^{M}\xi_{2t-1} + (1 + \frac{1}{2M})a\sum_{t=1}^{M}u_{2t}]$$

再次精简化为：

$$S_y^2 = (\frac{4M^2 - 1}{12})a^2 + \frac{1}{M}\sum_{t=1}^{M}\xi_{2t-1}^2 + \frac{1}{M}\sum_{t=1}^{M}\xi_{2t-1}u_{2t} + \frac{1}{2M}\sum_{t=1}^{M}u_{2t}^2$$

$$+ \frac{4a}{M}\sum_{t=1}^{M}t\xi_{2t-1} - 2(1 + \frac{1}{M})a\sum_{t=1}^{M}\xi_{2t-1} + \frac{2a}{M}\sum_{t=1}^{M}tu_{2t}$$

$$- [4(\frac{1}{2M}\sum_{t=1}^{M}\xi_{2t-1})^2 + 4(\frac{1}{2M}\sum_{t=1}^{M}\xi_{2t-1})(\frac{1}{2M}\sum_{t=1}^{M}u_{2t})$$

$$+ (\frac{1}{2M}\sum_{t=1}^{M}u_{2t})^2 + (1 + \frac{1}{2M})a\sum_{t=1}^{M}u_{2t}] \qquad (3-38)$$

而 $S_{v_1}^2$ 有如下表达：

$$S_{V_1}^2 \equiv \frac{1}{M}\sum_{t=1}^{M}(V_{1,t}-\bar{V}_1)^2 = \frac{1}{M}\sum_{t=1}^{M}V_{1,t}^2 - (\frac{1}{M}\sum_{t=1}^{M}V_{1,t})^2$$

$$= \frac{1}{2M}\sum_{t=1}^{M}(y_{2t-1}+y_{2t})^2 - \frac{1}{2M^2}[\sum_{t=1}^{M}(y_{2t-1}+y_{2t})]^2$$

$$= \frac{1}{2M}\sum_{t=1}^{M}(a+2y_{2t-1}+u_{2t})^2 - \frac{1}{2M^2}[\sum_{t=1}^{M}(a+2y_{2t-1}+u_{2t})]^2$$

$$= \frac{1}{2M}\sum_{t=1}^{M}\{a+2[(2t-1)\alpha+y_0+\xi_{2t-1}]+u_{2t}\}^2$$

$$- \frac{1}{2M^2}\{\sum_{t=1}^{M}\{a+2[(2t-1)a+y_0+\xi_{2t-1}]+u_{2t}\}\}^2$$

$$= \frac{1}{2M}\sum_{t=1}^{M}\{4ta-a+2y_0+2\xi_{2t-1}+u_{2t}\}^2$$

$$- \frac{1}{2M^2}\{\sum_{t=1}^{M}\{4ta-a+2y_0+2\xi_{2t-1}+u_{2t}\}\}^2$$

消去对结果无影响的 $-a+2y_0$ 项，所以进一步有：

$$S_{V_1}^2 = \frac{1}{2M}\sum_{t=1}^{M}\{4ta+2\xi_{2t-1}+u_{2t}\}^2 - \frac{1}{2M^2}\{\sum_{t=1}^{M}\{4ta+2\xi_{2t-1}+u_{2t}\}\}^2$$

$$\equiv C_T - D_T$$

其中：

$$C_T = \frac{1}{2M}\sum_{t=1}^{M}\{4at+2\xi_{2t-1}+u_{2t}\}^2$$

$$= \frac{1}{2M}\sum_{t=1}^{M}(16a^2t^2+4\xi_{2t-1}^2+u_{2t}^2+16at\xi_{2t-1}+8atu_{2t}+4\xi_{2t-1}u_{2t})$$

$$= \frac{8a^2}{M}\sum_{t=1}^{M}t^2 + \frac{2}{M}\sum_{t=1}^{M}\xi_{2t-1}^2 + \frac{1}{2M}\sum_{t=1}^{M}u_{2t}^2$$

$$+ \frac{8a}{M}\sum_{t=1}^{M}t\xi_{2t-1} + \frac{4a}{M}\sum_{t=1}^{M}tu_{2t} + \frac{2}{M}\sum_{t=1}^{M}\xi_{2t-1}u_{2t}$$

稍做整理，然后有：

$$C_T = (\frac{8M^2+12M+4}{3})a^2 + \frac{2}{M}\sum_{t=1}^{M}\xi_{2t-1}^2 + \frac{1}{2M}\sum_{t=1}^{M}u_{2t}^2$$

$$+\frac{8a}{M}\sum_{t=1}^{M}t\xi_{2t-1}+\frac{4a}{M}\sum_{t=1}^{M}tu_{2t}+\frac{2}{M}\sum_{t=1}^{M}\xi_{2t-1}u_{2t}$$

$$D_T=\frac{1}{2M^2}\left\{\sum_{t=1}^{M}\{4ta+2\xi_{2t-1}+u_{2t}\}\right\}^2$$

$$=\frac{1}{2M^2}(4a\sum_{t=1}^{M}t+2\sum_{t=1}^{M}\xi_{2t-1}+\sum_{t=1}^{M}u_{2t})^2$$

$$=\frac{1}{2M^2}[16a^2(\sum_{t=1}^{M}t)^2+4(\sum_{t=1}^{M}\xi_{2t-1})^2+(\sum_{t=1}^{M}u_{2t})^2$$

$$+16a\sum_{t=1}^{M}t\sum_{t=1}^{M}\xi_{2t-1}+8a\sum_{t=1}^{M}t\sum_{t=1}^{M}u_{2t}+4\sum_{t=1}^{M}\xi_{2t-1}\sum_{t=1}^{M}u_{2t}]$$

$$=\frac{8a^2}{M^2}(\frac{M^2+M}{2})^2+\frac{2}{M^2}(\sum_{t=1}^{M}\xi_{2t-1})^2+\frac{1}{2M^2}(\sum_{t=1}^{M}u_{2t})^2$$

$$+\frac{8a}{M^2}\sum_{t=1}^{M}t\sum_{t=1}^{M}\xi_{2t-1}+\frac{4a}{M^2}\sum_{t=1}^{M}t\sum_{t=1}^{M}u_{2t}+\frac{2}{M^2}\sum_{t=1}^{M}\xi_{2t-1}\sum_{t=1}^{M}u_{2t}$$

$$=2(M^2+2M+1)a^2+2(\frac{1}{M}\sum_{t=1}^{M}\xi_{2t-1})^2+\frac{1}{2}(\frac{1}{M}\sum_{t=1}^{M}u_{2t})^2$$

$$+4(1+\frac{1}{M})a\sum_{t=1}^{M}\xi_{2t-1}+2(1+\frac{1}{M})a\sum_{t=1}^{M}u_{2t}+2\frac{1}{M}\sum_{t=1}^{M}\xi_{2t-1}\frac{1}{M}\sum_{t=1}^{M}u_{2t}$$

然后有：

$$S_{V_1}^2\equiv C_T-D_T$$

$$=2(\frac{M^2-1}{3})a^2+\frac{2}{M}\sum_{t=1}^{M}\xi_{2t-1}^2+\frac{1}{2M}\sum_{t=1}^{M}u_{2t}^2$$

$$+\frac{8a}{M}\sum_{t=1}^{M}t\xi_{2t-1}+\frac{4a}{M}\sum_{t=1}^{M}tu_{2t}+\frac{2}{M}\sum_{t=1}^{M}\xi_{2t-1}u_{2t}$$

$$-[2(\frac{1}{M}\sum_{t=1}^{M}\xi_{2t-1})^2+\frac{1}{2}(\frac{1}{M}\sum_{t=1}^{M}u_{2t})^2+4(1+\frac{1}{M})a\sum_{t=1}^{M}\xi_{2t-1}$$

$$+2(1+\frac{1}{M})a\sum_{t=1}^{M}u_{2t}+2\frac{1}{M}\sum_{t=1}^{M}\xi_{2t-1}\frac{1}{M}\sum_{t=1}^{M}u_{2t}] \tag{3-39}$$

而 $S_{W_1}^2$ 有如下表达：

$$S_{W_1}^2\equiv\frac{1}{M}\sum_{t=1}^{M}(W_{1,t}-\bar{W}_1)^2=\frac{1}{M}\sum_{t=1}^{M}W_{1,t}^2-(\frac{1}{M}\sum_{t=1}^{M}W_{1,t})^2$$

$$=\frac{1}{2M}\sum_{t=1}^{M}(y_{2t}-y_{2t-1})^2-\frac{1}{2M^2}[\sum_{t=1}^{M}(y_{2t}-y_{2t-1})]^2$$

稍做整理，并消去与结果无关的 a 常数项，同时在平稳序列的大数定律支撑下有：

$$S_{W_1}^2 = \frac{1}{2M}\sum_{t=1}^{M}(a+u_{2t})^2 - \frac{1}{2M^2}[\sum_{t=1}^{M}(a+u_{2t})]^2 = \frac{1}{2M}\sum_{t=1}^{M}u_{2t}^2 - \frac{1}{2M^2}(\sum_{t=1}^{M}u_{2t})^2 \xrightarrow{p} \frac{\sigma^2}{2} \tag{3-40}$$

进而有：

$$\begin{aligned}2S_y^2 - S_{V_1}^2 = &\frac{a^2}{2} + \frac{2}{M}\sum_{t=1}^{M}\xi_{2t-1}^2 + \frac{2}{M}\sum_{t=1}^{M}\xi_{2t-1}u_{2t} + \frac{1}{M}\sum_{t=1}^{M}u_{2t}^2 + \frac{8a}{M}\sum_{t=1}^{M}t\xi_{2t-1}\\&- 4(1+\frac{1}{M})a\sum_{t=1}^{M}\xi_{2t-1} + \frac{4a}{M}\sum_{t=1}^{M}tu_{2t}\\&-[8(\frac{1}{2M}\sum_{t=1}^{M}\xi_{2t-1})^2 + 8(\frac{1}{2M}\sum_{t=1}^{M}\xi_{2t-1})(\frac{1}{2M}\sum_{t=1}^{M}u_{2t})\\&+2(\frac{1}{2M}\sum_{t=1}^{M}u_{2t})^2 + 2(1+\frac{1}{2M})a\sum_{t=1}^{M}u_{2t}]\\&-[\frac{2}{M}\sum_{t=1}^{M}\xi_{2t-1}^2 + \frac{1}{2M}\sum_{t=1}^{M}u_{2t}^2 + \frac{8a}{M}\sum_{t=1}^{M}t\xi_{2t-1} + \frac{4a}{M}\sum_{t=1}^{M}tu_{2t} + \frac{2}{M}\sum_{t=1}^{M}\xi_{2t-1}u_{2t}]\\&+[2(\frac{1}{M}\sum_{t=1}^{M}\xi_{2t-1})^2 + \frac{1}{2}(\frac{1}{M}\sum_{t=1}^{M}u_{2t})^2 + 4(1+\frac{1}{M})\alpha\sum_{t=1}^{M}\xi_{2t-1}\\&+2(1+\frac{1}{M})a\sum_{t=1}^{M}u_{2t} + 2\frac{1}{M}\sum_{t=1}^{M}\xi_{2t-1}\frac{1}{M}\sum_{t=1}^{M}u_{2t}]\\&= \frac{a^2}{2} + \frac{1}{2M}\sum_{t=1}^{M}u_{2t}^2 + \frac{a}{M}\sum_{t=1}^{M}u_{2t}\end{aligned}$$

从而有：

$$2S_y^2 - S_{V_1}^2 - S_{W_1}^2 = \frac{a^2}{2} + \frac{1}{2M}\sum_{t=1}^{M}u_{2t}^2 + \frac{a}{M}\sum_{t=1}^{M}u_{2t} - \frac{1}{2M}\sum_{t=1}^{M}u_{2t}^2 + \frac{1}{2M^2}(\sum_{t=1}^{M}u_{2t})^2 = \frac{a^2}{2} + \frac{a}{M}\sum_{t=1}^{M}u_{2t} + \frac{1}{2M^2}(\sum_{t=1}^{M}u_{2t})^2 \tag{3-41}$$

最终由大数定律可知：

$$2S_y^2 - S_{V_1}^2 - S_{W_1}^2 \xrightarrow{p} \frac{a^2}{2}$$

在备择假设 $H_0(|\rho|<1)$ 下的结论的证明相对简单。由于在 $|\rho|<1$ 下，原序列、小波系数系列以及小波尺度系列均为平稳时间序列，因此它们的样本方差均将依概率收敛至其总体方差，即有式（3-42）至式（3-44）。

$$S_y^2 \xrightarrow{p} \mathrm{var}(y_t)=\frac{\sigma^2}{1-\rho^2} \tag{3-42}$$

$$S_{W_1}^2 \xrightarrow{p} \mathrm{var}(W_{1,t})=\frac{\sigma^2}{1+\rho} \tag{3-43}$$

$$S_{V_1}^2 \xrightarrow{p} \mathrm{var}(W_{1,t})=\frac{\sigma^2}{1-\rho} \tag{3-44}$$

那么显然有式（3-45）。

$$2S_y^2-S_{V_1}^2-S_{W_1}^2 \xrightarrow{P} 0 \tag{3-45}$$

3.4.2 引理 3.2 的证明

（1）式（3-25）的证明。设 $x_t\equiv\xi_{2t}$，显然有 $\{x_t\}_{t=1}^M$ 也为一个随机游走的非平稳序列，即 $I(1)$ 过程，且式（3-46）成立。

$$\Delta x_t=u_{2t}+u_{2t-1}\equiv v_t \tag{3-46}$$

其中，易知 $\{v_t\}$ 为一个独立同分布的序列，均值为 0，方差为 $2\sigma^2$，以及 $x_0=\xi_0=0$。

依据 Hamilton（1994）中的性质 17.2，则可将 x_t 表达成如式（3-47）所示：

$$x_t=v_1+v_2+\cdots+v_t(t=1,\ 2,\ \cdots,\ M) \tag{3-47}$$

在此基础上定义与 $\{v_t\}_{t=1}^M$ 有关的部分和过程，即式（3-48）。

$$X_M(r)=\frac{1}{M}\sum_{t=1}^{[Mr]}v_t=\begin{cases}0, & 0\leqslant r\leqslant\frac{1}{M}\\ v_1/M, & \frac{1}{M}\leqslant r\leqslant\frac{2}{M}\\ (v_1+v_2)/M, & \frac{2}{M}\leqslant r\leqslant\frac{3}{M}\\ \vdots & \vdots\\ (v_1+v_2+\cdots+v_M)/M, & r=1\end{cases} \tag{3-48}$$

其中，$[Mr]$ 表示小于等于 Mr 的最大整数，再由泛函中心极限定理，可知式（3-49）成立。

$$\sqrt{M}X_M(\cdot)\xrightarrow{L}\sqrt{2}\sigma W(\cdot) \tag{3-49}$$

并注意到：

$$\frac{1}{M^2}\sum_{t=1}^{M}\xi_{2t-1}=\frac{1}{M^2}\sum_{t=1}^{M}(x_{t-1}+u_{2t-1})$$

$$=\frac{1}{M^2}\sum_{t=1}^{M}[(v_1+v_2+\cdots+v_{t-1})+u_{2t-1}]$$

$$=\frac{\sum_{t=1}^{M}u_{2t-1}}{M^2}+\sum_{t=1}^{M}\frac{1}{M}\left(\frac{v_1+v_2+\cdots+v_{t-1}}{M}\right)$$

$$=\frac{\sum_{t=1}^{M}u_{2t-1}}{M^2}+\int_0^1 X_M(r)\,\mathrm{d}r$$

再在上式等号两边同时乘以 $\sqrt{M}$ ，得：

$$M^{-3/2}\sum_{t=1}^{M}\xi_{2t-1}=M^{-1}\left(M^{-1/2}\sum_{t=1}^{M}u_{2t-1}\right)+\int_0^1\sqrt{M}X_M(r)\,\mathrm{d}r$$

根据均方收敛定理和依概率收敛的关系，以及连续映射定理可知，当 $M\to\infty$时：

$$M^{-1/2}\sum_{t=1}^{M}u_{2t-1}\xrightarrow{L}\sigma W_1(1)$$

$$\int_0^1\sqrt{M}X_M(r)\,\mathrm{d}r\xrightarrow{L}\sqrt{2}\sigma\int_0^1 W(r)\,\mathrm{d}r$$

至此已推出：

$$M^{-1}\left(M^{-1/2}\sum_{t=1}^{M}u_{2t-1}\right)\xrightarrow{p}0$$

$$M^{-3/2}\sum_{t=1}^{M}\xi_{2t-2}=M^{-3/2}\sum_{t=1}^{M}x_{t-1}\xrightarrow{L}\sqrt{2}\sigma\int_0^1 W(r)\,\mathrm{d}r$$

最终 $M^{-3/2}\sum_{t=1}^{M}\xi_{2t-1}\xrightarrow{L}\sqrt{2}\sigma\int_0^1 W(r)\,\mathrm{d}r$ ，即（a）成立。

（2）式（3-26）和式（3-27）的证明。由 Hamilton（1994）性质 17.1（c）可知。

$$T^{-3/2}\sum_{t=1}^{T}tu_t\xrightarrow{L}\sigma W(1)-\sigma\int_0^1 W(r)\,\mathrm{d}r \tag{3-50}$$

$$T^{-3/2}\sum_{t=1}^{T} tu_t = (2M)^{-3/2}\sum_{t=1}^{M}[(2t-1)u_{2t-1} + 2tu_{2t}]$$

$$= 2^{-1/2}M^{-3/2}\sum_{t=1}^{M} tu_{2t-1} - M^{-3/2}\sum_{t=1}^{M} u_{2t-1} + 2^{-1/2}M^{-3/2}\sum_{t=1}^{M} tu_{2t} \quad (3-51)$$

又由于 u_{2t-1} 和 u_{2t} 独立同分布，以及 $M^{-3/2}\sum_{t=1}^{M} u_{2t-1} \xrightarrow{p} 0$，那么有式（3-52）至式（3-53）。

$$2^{-1/2}M^{-3/2}\sum_{t=1}^{M} tu_{2t-1} + 2^{-1/2}M^{-3/2}\sum_{t=1}^{M} tu_{2t} \xrightarrow{L} \sigma W(1) - \sigma\int_0^1 W(r)\mathrm{d}r \quad (3-52)$$

$$M^{-3/2}\sum_{t=1}^{M} tu_{2t-1} + M^{-3/2}\sum_{t=1}^{M} tu_{2t} \xrightarrow{L} \sqrt{2}\sigma W(1) - \sqrt{2}\sigma\int_0^1 W(r)\mathrm{d}r \quad (3-53)$$

同时式中的两项独立，且每项均与式性质两相同，所以有式（3-54）和式（3-55）。

$$M^{-3/2}\sum_{t=1}^{M} tu_{2t-1} \xrightarrow{L} \sigma W_1(1) - \sigma\int_0^1 W_1(r)\mathrm{d}r \quad (3-54)$$

$$M^{-3/2}\sum_{t=1}^{M} tu_{2t} \xrightarrow{L} \sigma W_2(1) - \sigma\int_0^1 W_2(r)\mathrm{d}r \quad (3-55)$$

其中，$W_i(1)$（$i=1, 2$）分别为两个独立的标准维纳过程，并且满足式（3-56）和式（3-57）。

$$\begin{aligned}&\sigma W_1(1) - \sigma\int_0^1 W_1(r)\mathrm{d}r + \sigma W_2(1) - \sigma\int_0^1 W_2(r)\mathrm{d}r \\ &= \sqrt{2}\sigma W(1) - \sqrt{2}\sigma\int_0^1 W(r)\mathrm{d}r\end{aligned} \quad (3-56)$$

$$\begin{aligned}&\sigma(W_1(1) + W_2(1)) - \sigma\int_0^1[W_1(r) + W_2(r)]\mathrm{d}r \\ &= \sqrt{2}\sigma W(1) - \sqrt{2}\sigma\int_0^1 W(r)\mathrm{d}r\end{aligned} \quad (3-57)$$

$$W_1(r) + W_2(r) = \sqrt{2}W(r)(r \in [0, 1]) \quad (3-58)$$

（3）式（3-28）的证明。为了证明（d）的成立，在此首先证明式（3-59）。

$$M^{-1}\sum_{t=1}^{M} x_{t-1}v_t \xrightarrow{L} \sigma^2\{[w(1)]^2 - 1\} \quad (3-59)$$

其中，x_t 和 v_t 如前所定义。

因为有：

$$x_t^2=(x_{t-1}+v_t)^2=x_{t-1}^2+v_t^2+2x_{t-1}v_t$$

稍做整理后有：

$$x_{t-1}v_t=\frac{1}{2}(x_t^2-x_{t-1}^2-v_t^2)$$

将上式的两端对 t 求和，并除以 M，可得式（3-60）。

$$\frac{1}{M}\sum_{t=1}^{M}x_{t-1}v_t=\frac{1}{2}(\frac{1}{M}x_M^2-\frac{1}{M}\sum_{t=1}^{M}v_t^2) \tag{3-60}$$

又注意到：

$$\frac{x_M}{M}=X_M(1)$$

并将此代入式有：

$$\frac{1}{M}\sum_{t=1}^{M}x_{t-1}v_t=\frac{1}{2}\{[\sqrt{M}X_M(1)]^2-\frac{1}{M}\sum_{t=1}^{M}v_t^2\}$$

由泛函中心极限定理可知：

$$\sqrt{M}X_M(1)\xrightarrow{L}\sqrt{2}\sigma W(1)$$

而由大数定理可知：

$$\frac{1}{M}\sum_{t=1}^{M}v_t^2\xrightarrow{p}2\sigma^2$$

结合以上结果，就有式（3-61）。

$$\frac{1}{M}\sum_{t=1}^{M}x_{t-1}v_t\xrightarrow{p}\sigma^2\{[w(1)]^2-1\} \tag{3-61}$$

有了以上结果后，下面证明（d）成立，先注意到 $v_t=u_{2t-1}+u_{2t}$，并将其代入式，则有：

$$\frac{1}{M}\sum_{t=1}^{M}x_{t-1}v_t=\frac{1}{M}\sum_{t=1}^{M}x_{t-1}(u_{2t-1}+u_{2t})$$

$$=(\frac{1}{M}\sum_{t=1}^{M}x_{t-1}u_{2t-1}+\frac{1}{M}\sum_{t=1}^{M}x_{t-1}u_{2t})\xrightarrow{p}\sigma^2\{[w(1)]^2-1\}$$

又因为 $\{u_{2t-1}\}$ 和 $\{u_{2t}\}$ 均为独立同分布序列，且它们的随机性质、动

---

① 提醒：$\{v_t\}$ 为均值为 0，方差为 $2\sigma^2$（非 σ^2）的 i. i. d. 序列。

态性质以及与 x_{t-1} 的关系均无差别，所以可将其视二为一，即有式（3-62）。

$$2\frac{1}{M}\sum_{t=1}^{M}x_{t-1}u_{2t-1}\xrightarrow{p}\sigma^2\{[w(1)]^2-1\}\Leftrightarrow$$

$$\frac{1}{M}\sum_{t=1}^{M}x_{t-1}u_{2t-1}\xrightarrow{p}\frac{1}{2}\sigma^2\{[w(1)]^2-1\} \tag{3-62}$$

或者，

$$2\frac{1}{M}\sum_{t=1}^{M}x_{t-1}u_{2t}\xrightarrow{p}\sigma^2\{[w(1)]^2-1\}\Leftrightarrow$$

$$\frac{1}{M}\sum_{t=1}^{M}x_{t-1}u_{2t}\xrightarrow{p}\frac{1}{2}\sigma^2\{[w(1)]^2-1\} \tag{3-63}$$

再观察到：

$$\begin{aligned}M^{-1}\sum_{t=1}^{M}\xi_{2t-1}u_{2t}&=M^{-1}\sum_{t=1}^{M}(x_{t-1}+u_{2t-1})u_{2t}\\&=M^{-1}\sum_{t=1}^{M}x_{t-1}u_{2t}+M^{-1}\sum_{t=1}^{M}u_{2t-1}u_{2t}\end{aligned}$$

由大数定理，知上式的第二项 $M^{-1}\sum_{t=1}^{M}u_{2t-1}u_{2t}\xrightarrow{p}0$，因此 $M^{-1}\sum_{t=1}^{M}\xi_{2t-1}u_{2t}$ 的极限分布取决于第一项，即

$$M^{-1}\sum_{t=1}^{M}\xi_{2t-1}u_{2t}\xrightarrow{L}\frac{1}{2}\sigma^2\{[w(1)]^2-1\} \tag{3-64}$$

式（3-28）证毕。

（4）式（3-29）的证明。

$$\begin{aligned}&M^{-2}\sum_{t=1}^{M}\xi_{2t-1}^2\\&=M^{-2}\sum_{t=1}^{M}(x_{t-1}+u_{2t-1})^2\\&=M^{-2}\sum_{t}^{M}x_{t-1}^2+2M^{-2}\sum_{t=1}^{M}u_{2t-1}x_{t-1}+M^{-2}\sum_{t=1}^{M}u_{2t-1}^2\\&=\sum_{t}^{M}\frac{1}{M}(\sqrt{M}\frac{1}{M}\sum_{j=1}^{t-1}v_j)^2+2M^{-1}\frac{1}{M}\sum_{t=1}^{M}u_{2t-1}x_{t-1}+M^{-2}\sum_{t=1}^{M}u_{2t-1}^2\end{aligned}$$

$$= \int_0^1 [\sqrt{M} X_M(r)]^2 \mathrm{d}r + 2M^{-1} \frac{1}{M} \sum_{t=1}^{M} u_{2t-1} x_{t-1} + M^{-1} \frac{1}{M} \sum_{t=1}^{M} u_{2t-1}^2 \tag{3-65}$$

由大数定理可知，式（3-65）第二项中的 $\frac{1}{M}\sum_{t=1}^{M} u_{2t-1}x_{t-1} = O_p(1)$ ，那么整个第二项 $2M^{-1} \frac{1}{M}\sum_{t=1}^{M} u_{2t-1}x_{t-1} \xrightarrow{p} 0$；由大数定理可知第三项中的 $\frac{1}{M}\sum_{t=1}^{M} u_{2t-1}^2 \xrightarrow{p} \sigma^2$，那么整个第三项 $M^{-1} \frac{1}{M}\sum_{t=1}^{M} u_{2t-1}^2 \xrightarrow{p} 0$ 。因此，$M^{-2}\sum_{t=1}^{M}\xi_{2t-1}^2$ 的极限分布决定于第一项，而第一项的极限分布可根据式（3-64）和连续映射定理可知：

$$\int_0^1 [\sqrt{M} X_M(r)]^2 \mathrm{d}r \xrightarrow{L} 2\sigma^2 \int_0^1 [W(r)]^2 \mathrm{d}r \tag{3-66}$$

进而证明了式（3-67）。

$$M^{-2}\sum_{t=1}^{M}\xi_{2t-1}^2 \xrightarrow{L} 2\sigma^2 \int_0^1 [W(r)]^2 \mathrm{d}r \tag{3-67}$$

当然过程中也证明了式（3-68）。

$$M^{-2}\sum_{t}^{M}\xi_{2t-2}^2 = M^{-2}\sum_{t}^{M} x_{t-1}^2 \xrightarrow{L} 2\sigma^2 \int_0^1 [W(r)]^2 \mathrm{d}r \tag{3-68}$$

（5）式（3-30）的证明。

$$\begin{aligned} M^{-5/2}\sum_{t=1}^{M} t\xi_{2t-1} &= M^{-5/2}\sum_{t=1}^{M} t(x_{t-1} + u_{2t-1}) \\ &= M^{-5/2}\sum_{t=1}^{M} t[u_{2t-1} + (v_1 + v_2 + \cdots + v_{t-1})] \\ &= M^{-5/2}\sum_{t=1}^{M} tu_{2t-1} + M^{-5/2}\sum_{t=1}^{M} t\sum_{j}^{t-1} v_j \end{aligned} \tag{3-69}$$

和证明式（3-28）一样，设 $\varepsilon_t = u_{2t-1}$ ，那么显然 $\{\varepsilon_t\}$ 和 $\{u_t\}$ 一样为一个均值为 0 方差为 σ^2 的独立同分布的序列，然后根据 Hamilton（1994）中的性质 17.1（c）可知 $\sum_{t=1}^{M} tu_{2t-1} = O_p(M^{3/2})$ ，所以式（3-69）的第一项 $M^{-5/2}\sum_{t=1}^{M} tu_{2t-1} \xrightarrow{p} 0$，由此可知 $M^{-5/2}\sum_{t=1}^{M} t\xi_{2t-1}$ 极限分布决定于第二项。而

第二项可变形至如式（3-70）所示：

$$M^{-5/2}\sum_{t=1}^{M}t\sum_{j}^{t-1}v_j=\sum_{t=1}^{M}[\frac{t}{M}(\sqrt{M}\frac{\sum_{j=1}^{t-1}v_j}{M})\frac{1}{M}] \tag{3-70}$$

由式（3-48）所定义的阶梯函数 $X_M(r)$ 可知，当 $\frac{t-1}{M}\leqslant r<\frac{t}{M}$，有式（3-71）。

$$X_M(r)=\frac{\sum_{j=1}^{t}v_j}{M},\ [Mr]^{\cdot}+1=t \tag{3-71}$$

所以：

$$\begin{aligned}M^{-5/2}\sum_{t=1}^{M}t\sum_{j}^{t-1}v_j&=\sum_{t=1}^{M}[\frac{[Mr]^{\cdot}+1}{M}\sqrt{M}X_M(r)\frac{1}{M}]\\&=\int_0^1\frac{[Mr]^{\cdot}+1}{M}\sqrt{M}X_M(r)\mathrm{d}r\end{aligned} \tag{3-72}$$

因为 $\lim\limits_{M\to\infty}\frac{[Mr]^{\cdot}+1}{M}=r$，再根据式和连续映射定理，可知式（3-73）：

$$M^{-5/2}\sum_{t=1}^{M}t\sum_{j}^{t-1}v_j\xrightarrow{L}\sqrt{2}\sigma\int_0^1 rW(r)\mathrm{d}r \tag{3-73}$$

进而式（3-74）成立。

$$M^{-5/2}\sum_{t=1}^{M}t\xi_{2t-1}\xrightarrow{L}\sqrt{2}\sigma\int_0^1 rW(r)\mathrm{d}r \tag{3-74}$$

（6）式（3-31）证明略（显然成立）。

3.4.3 定理 3.1 的证明

在 $H_0(\rho=1)$ 下，有，并由式（3-23）和式（3-33）可知：

$$\begin{aligned}\frac{8M^2-8}{4M^2-1}S_y^2-S_{V_1}^2=&\frac{8M^2-8}{4M^2-1}[\frac{1}{M}\sum_{t=1}^{M}\xi_{2t-1}^2+\frac{1}{M}\sum_{t=1}^{M}\xi_{2t-1}u_{2t}+\frac{1}{2M}\sum_{t=1}^{M}u_{2t}^2\\&+\frac{4a}{M}\sum_{t=1}^{M}t\xi_{2t-1}-2(1+\frac{1}{M})a\sum_{t=1}^{M}\xi_{2t-1}+\frac{2a}{M}\sum_{t=1}^{M}tu_{2t}]\\&-\frac{8M^2-8}{4M^2-1}[4(\frac{1}{2M}\sum_{t=1}^{M}\xi_{2t-1})^2+4(\frac{1}{2M}\sum_{t=1}^{M}\xi_{2t-1})(\frac{1}{2M}\sum_{t=1}^{M}u_{2t})\end{aligned}$$

$$+ (\frac{1}{2M}\sum_{t=1}^{M} u_{2t})^2 + (1 + \frac{1}{2M}) a \sum_{t=1}^{M} u_{2t}]$$

$$- [\frac{2}{M}\sum_{t=1}^{M} \xi_{2t-1}^2 + \frac{1}{2M}\sum_{t=1}^{M} u_{2t}^2 + \frac{8a}{M}\sum_{t=1}^{M} t\xi_{2t-1}$$

$$+ \frac{4a}{M}\sum_{t=1}^{M} tu_{2t} + \frac{2}{M}\sum_{t=1}^{M} \xi_{2t-1}u_{2t}]$$

$$+ [2(\frac{1}{M}\sum_{t=1}^{M} \xi_{2t-1})^2 + \frac{1}{2}(\frac{1}{M}\sum_{t=1}^{M} u_{2t})^2 + 4(1 + \frac{1}{M}) a \sum_{t=1}^{M} \xi_{2t-1}$$

$$+ 2(1 + \frac{1}{M}) a \sum_{t=1}^{M} u_{2t} + 2\frac{1}{M}\sum_{t=1}^{M} \xi_{2t-1} \frac{1}{M}\sum_{t=1}^{M} u_{2t}] \tag{3-75}$$

整理同类项有：

$$\frac{8M^2 - 8}{4M^2 - 1} S_y^2 - S_{V_1}^2$$

$$= (\frac{8M^2 - 8}{4M^2 - 1}\frac{1}{M} - \frac{2}{M})\sum_{t=1}^{M} \xi_{2t-1}^2 + (\frac{8M^2 - 8}{4M^2 - 1}\frac{1}{M} - \frac{2}{M})\sum_{t=1}^{M} \xi_{2t-1}u_{2t}$$

$$+ (\frac{8M^2 - 8}{4M^2 - 1}\frac{1}{2M} - \frac{1}{2M})\sum_{t=1}^{M} u_{2t}^2 + (\frac{8M^2 - 8}{4M^2 - 1}\frac{4a}{M} - \frac{8a}{M})\sum_{t=1}^{M} t\xi_{2t-1}$$

$$- [\frac{8M^2 - 8}{4M^2 - 1} 2(1 + \frac{1}{M}) - 4(1 + \frac{1}{M})] a \sum_{t=1}^{M} \xi_{2t-1} + (\frac{8M^2 - 8}{4M^2 - 1}\frac{2a}{M} - \frac{4a}{M})\sum_{t=1}^{M} tu_{2t}$$

$$- \{(\frac{8M^2 - 8}{4M^2 - 1}\frac{1}{M^2} - \frac{2}{M^2})(\sum_{t=1}^{M} \xi_{2t-1})^2 + (\frac{8M^2 - 8}{4M^2 - 1}\frac{1}{M^2} - \frac{2}{M^2})\sum_{t=1}^{M} \xi_{2t-1}\sum_{t=1}^{M} u_{2t}$$

$$+ (\frac{8M^2 - 8}{4M^2 - 1}\frac{1}{4M^2} - \frac{1}{2M^2})(\sum_{t=1}^{M} u_{2t})^2 + [\frac{8M^2 - 8}{4M^2 - 1}(1 + \frac{1}{2M}) - 2(1 + \frac{1}{M})] a \sum_{t=1}^{M} u_{2t}\} \tag{3-76}$$

做整理后有：

$$\frac{8M^2 - 8}{4M^2 - 1} S_y^2 - S_{V_1}^2 = \frac{-6}{(4M^2 - 1)M}\sum_{t=1}^{M} \xi_{2t-1}^2 + \frac{-6}{(4M^2 - 1)M}\sum_{t=1}^{M} \xi_{2t-1}u_{2t}$$

$$+ \frac{4M^2 - 7}{2(4M^2 - 1)M}\sum_{t=1}^{M} u_{2t}^2 + \frac{-24a}{(4M^2 - 1)M}\sum_{t=1}^{M} t\xi_{2t-1}$$

$$+ \frac{12}{(4M^2 - 1)}(1 + \frac{1}{M}) a \sum_{t=1}^{M} \xi_{2t-1} + \frac{-12a}{(4M^2 - 1)M}\sum_{t=1}^{M} tu_{2t}$$

$$+\frac{6}{(4M^2-1)M^2}(\sum_{t=1}^{M}\xi_{2t-1})^2+\frac{6}{(4M^2-1)M^2}\sum_{t=1}^{M}\xi_{2t-1}\sum_{t=1}^{M}u_{2t}$$
$$+\frac{3}{2(4M^2-1)M^2}(\sum_{t=1}^{M}u_{2t})^2+\frac{4M^2+6M+2}{(4M^2-1)M}a\sum_{t=1}^{M}u_{2t} \tag{3-77}$$

在 S_{W1}^2 前乘以 $\frac{4M^2-7}{(4M^2-1)}$，并与 $\frac{8M^2-8}{4M^2-1}S_y^2-S_{V_1}^2$ 做差法运算有：

$$\frac{8M^2-8}{4M^2-1}S_y^2-S_{V_1}^2-\frac{4M^2-7}{(4M^2-1)}S_{W_1}^2$$
$$=\frac{-6}{(4M^2-1)M}\sum_{t=1}^{M}\xi_{2t-1}^2+\frac{-6}{(4M^2-1)M}\sum_{t=1}^{M}\xi_{2t-1}u_{2t}$$
$$+\frac{-24a}{(4M^2-1)M}\sum_{t=1}^{M}t\xi_{2t-1}+\frac{12}{(4M^2-1)}(1+\frac{1}{M})a\sum_{t=1}^{M}\xi_{2t-1}$$
$$+\frac{-12a}{(4M^2-1)M}\sum_{t=1}^{M}tu_{2t}+\frac{6}{(4M^2-1)M^2}(\sum_{t=1}^{M}\xi_{2t-1})^2$$
$$+\frac{6}{(4M^2-1)M^2}\sum_{t=1}^{M}\xi_{2t-1}\sum_{t=1}^{M}u_{2t}+\frac{2M^2-2}{(4M^2-1)M^2}(\sum_{t=1}^{M}u_{2t})^2$$
$$+\frac{4M^2+6M+2}{(4M^2-1)M}a\sum_{t=1}^{M}u_{2t} \tag{3-78}$$

再由引理 3.2 可知：

$$\frac{8M^2-8}{4M^2-1}S_y^2-S_{V_1}^2-\frac{4M^2-7}{(4M^2-1)}S_{W_1}^2$$
$$=O_p(M^{-1})+O_p(M^{-2})$$
$$+O_p(M^{-1/2})+O_p(M^{-1/2})$$
$$+O_p(M^{-3/2})+O_p(M^{-1})$$
$$+O_p(M^{-2})+O_p(M^{-1})$$
$$+O_p(M^{-1/2}) \tag{3-79}$$

因此，当用 $M^{1/2}$ 乘以 $\frac{8M^2-8}{4M^2-1}S_y^2-S_{V_1}^2-\frac{4M^2-7}{(4M^2-1)}S_{W_1}^2$ 后，只有第 3 项、第 4 项和第 9 项对统计量 $\sqrt{M}(\frac{8M^2-8}{4M^2-1}S_y^2-S_{V_1}^2-\frac{4M^2-7}{(4M^2-1)}S_{W_1}^2)$ 的极限形式有意义，其他 6 项均将依概率收敛至 0 质点。并且，再依据引理 3.2 可

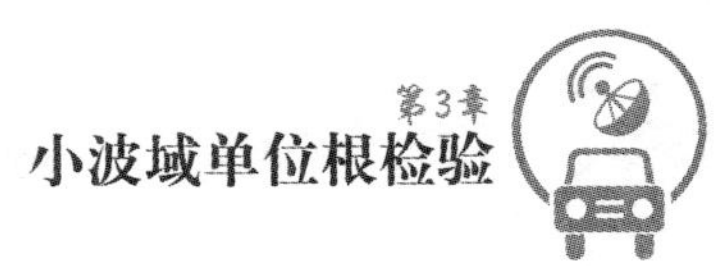

知整体上有式（3-80）。

$$M^{1/2}\left(\frac{8M^2-8}{4M^2-1}S_y^2-S_{V_1}^2-\frac{4M^2-7}{(4M^2-1)}S_{W_1}^2\right)\xrightarrow{L}-6\sqrt{2}a\sigma\int_0^1 rW(r)\mathrm{d}r+3\sqrt{2}\alpha a\int_0^1 W(r)\mathrm{d}r+a\sigma W_2(1) \tag{3-80}$$

再结合引理3.2的结果，所以最终有式（3-81）。

$$\frac{(2S_y^2-S_{V_1}^2-S_{W_1}^2)\sqrt{S_{W_1}^2}}{M^{1/2}\left(\frac{8M^2-8}{4M^2-1}S_y^2-S_{V_1}^2-\frac{4M^2-7}{(4M^2-1)}S_{W_1}^2\right)}\xrightarrow{L}\frac{\frac{a^2}{2}\frac{\sigma}{\sqrt{2}}}{-6\sqrt{2}a\sigma\int_0^1 rW(r)\mathrm{d}r+3\sqrt{2}a\sigma\int_0^1 W(r)\mathrm{d}r+a\sigma W_2(1)}$$

$$=\frac{a}{-24\int_0^1 rW(r)\mathrm{d}r+12\int_0^1 W(r)\mathrm{d}r+2\sqrt{2}W_2(1)} \tag{3-81}$$

在备择假设 $H_0(|\rho|<1)$ 下的收敛结果的证明相对简单，结合引理3.1和式（3-81）中的结果易证之，其他更具体证明过程已在本书的3.3.2部分做了陈述。

3.5 本章小节

目前，绝大多数的单位根过程检验方法是在时域内展开的，极少在时频两域内构建检验统计量对单位根进行检验。本章借鉴 Fan 和 Gençay（2010）的在小波域内建立检验方法视角的基础上，在检验对象与检验统计量构建思想两个方面，拓展 Fan 和 Gençay（2010）的研究成果。因为 Fan 和 Gençay（2010）主要考虑的是不含漂移项的单位根检验问题，他们的检验方法无法对含有漂移项的单位根进行有效检验，而本章所拓展的检验方法能对含有漂移项的单位根做出有效的检验，在很大程度上弥补了 Fan 和 Gençay（2010）的局限。在具体构建检验统计量方面，与 Fan 和

Gençay（2010）中的策略完全不同的是，本书是以原序列的样本方差与其小波系数系列、尺度系数系列的样本方差之间耦合机制在原假设与备择假设下的差异为突破口，构造检验统计量，而 Fan 和 Gençay（2010）是利用原序列的总能量在小波系数与尺度系数序列分配比例在原假设与备择假设存在差异为抓手，构造检验统计量。

客观上讲，Fan 和 Gençay（2010）构建检验统计量的思想较为直观，然而正是由于如此，约束了他们的方法的可塑性。而本章以样本方差耦合机制的差异构造检验统计量的基本策略，相比来说具有更强的可塑性，因为人们可根据这一思路在原假设与备择假设下寻找其他相异的耦合机制，构建其他检验统计量，不仅可用于单位根的检验，还可沿此路径检验其他问题。从信息利用充分性方面说，本章构造的检验统计量充分利用了原序列、小波系数和尺度系数序列的所有信息，而 Fan 和 Gençay（2010）只利用了小波系数与尺度系数序列的能量信息。因此，本书所提出的检验方法在检验统计量构建思想与信息量利用方面能为后人对小波分析在经济计量分析中的理论研究提供更广泛的导引。

在提出检验统计量 TXL_1 后，本章花费很大力气推导了其在原假设与备择假设下的大样本性质，证明的结果表明，在存有单位根的原假设下，检验统计量 TXL_1 将弱收敛至两个标准维纳过程构成的泛函上，而在不存有单位根的备择假设下，将强收敛至质点 0 处。检验统计量 TXL_1 的这一重要性质，决定了其必然有高的检验势。本章后期的统计模拟的确显示了这一点，即使在小样本的条件下，TXL_1 仍有接近或高于 90%的检验势。不足的是，仿真实验显示检验统计量 TXL_1 在小样本条件下出现一定程度的检验水平扭曲，扭曲方向为右，但随着样本容量的增大，检验水平扭曲度会得到良好的改善。如何解决检验水平扭曲的问题，也是本书今后需深入的课题之一。

第4章 小波域协整检验

宏观经济的实证研究很多都是基于时间序列数据而展开的。尤其是自从经济学诺贝尔奖得主特里夫·哈维默（Trygve Haavelmo）的工作问世以来，将经济时间序列视为随机过程的一个现实成为实证研究的标准。这一视角的重要意义在于，可将概率方法引入经济计量中，使之前经济分析中常被忽视的随机因素得以被重视，进而允许计量模型构建者使用统计推断对刻画经济变量间关系的方程进行估计与检验。

另外，许多宏观经济序列与金融时间序列，如 GNP、消费、就业、汇率和资产价格等，普遍具有非平稳性，也就意味着这些经济变量没有清晰的时间趋势使之动态变化返回到某一常数或线性趋势上来，即缺乏围绕某一固定值或线性趋势而波动的特征。因此，假定这些经济、金融变量的时间序列数据为某一非平稳随机过程所产生并具有随机趋势在逻辑上是合理的。理论经济学家通常通过定性分析会给出许多有关变量关系的命题，而宏观经济实证研究的一个重要目标就是检验与估计这些理论命题所陈述的关系。其实在 20 世纪 80 年代之前，统计理论已在建立与检验大型联立方程模型方面获得了良好应用，但那时的统计推断均为涉及的经济变量持有平稳性为前提假定。如果经济、金融时间序列的确为某一非平稳随机过程的现实，那么与平稳过程相关的统计推断方法将不再有效。

从平稳迈入非平稳时间序列经济计量学之路并不平坦，之间经历大约三个时代，其中困难重重，有的来自模型估计与检验方面，有的来自计量模型的经济学解释。直到克莱茵·格兰杰（Clive Granger）爵士的系列研究成果的发表，这一僵局面才算正式被打破，开启非平稳时间序列经济计量学之门。他的研究表明，即使面对非平稳的经济变量时间序列，仍能以兼顾良好的统计学性质和重要的经济学意义的方式对它们进行建模，为相互联系并具有丰富动态特征的经济变量建模奠定了基石。克莱茵·格兰杰取得这一突破，主要是通过引入协整变量的概念，现如今其从根本上改变了构建宏观经济关系实证模型的途径。

毋庸置疑，协整概念及其建模思想已被社会各界普遍认可与接受，可由克莱茵·格兰杰在 2003 年因此获得经济学诺贝尔奖这一重要事件佐证。目前，协整问题的研究主要集中在两个领域：一是经典线性协整检验，因为之前的检验方法均存在诸如检验势低和检验模型单一等不同程度的局限性；二是非线性协整方程的扩展，因为克莱茵·格兰杰当初提出的协整方程为线性系统①，在最近约 30 年内协整方程得到快速的扩展，例如阈值协整和非对称协整等各类非线性协整方程的提出，但这个领域的研究在协整模型估计与检验方面存在很多困难，当然研究空间也更宽广。本章将以经典线性协整检验为研究重点，试图以新的视角、以小波分析为工具，承接第 3 章的部分结果，对线性协整方程检验做出有益的尝试和补充。本章内容安排如下：4.1 节将协整思想及当前流行的几种相关定义进行介绍和分析；4.2 节重点介绍目前广泛使用的协整检验的基本策略和检验框架；4.3 节主要讨论协整检验 EG 两步法与单位根检验的内在联系，为之后本书提出的小波域协整检验铺设基础；4.4 节是本章的核心内容，着重研究小波域协整检验的基本策略和检验统计量的构造，其中包括检验模型的设定问题分析、协整模型的初始估计选择，检验统计量的构造思想与过程、检验统计量的大样本性质，另外包括利用 Monte Carlo 仿真方法，对检验统计量在有限样本条件下的经验检验水平和检验势进行了分析；4.5 节是案例分析，主要应用 4.4 节提出的检验方法对我国黄金市场与国际市场是否存在长期协调关系进行检验。

4.1 协整的思想与定义

在协整概念被提出来之前的很长一段时间里，计量分析实践者为了建

---

① 虽然格兰杰后来发展了一个命名为隐式协整的模型，但这项工作出现在他的晚年，其实还没正式发表。

立宏观经济模型，通常不考虑所涉及的变量是否平稳，而直接使用线性回归方法对其估计。使用标准的统计推断对回归系数进行假设检验可能会导致完全虚假结果（“伪回归”）的事实，在当时缺乏准确的理解。在一篇很有学术影响的论文（Granger and Newbold，1974）中，Granger 与其合作者指出这类回归模型的检验，常会将实际不存在任何关系的变量显示为有显著相关关系，并通过随机模拟的方法展示了这一错误。与时间序列模型打交道的统计学家，提出了一个简单的办法用于解决上述“伪回归”的问题。如果经济关系被设定在各变量的一阶差分之间，而不是它们的水平值之间，那么因非平稳性所引致的统计困难能被避免，原因在于经济变量差分后的时间序列通常会变得平稳。然而，经济理论一般是为经济变量水平值（并非为它们的差分值）而构思设计的，那么仅与变量差分相关的模型显然未充分利用好这些经济理论；并且差分将损失原水平序列所蕴藏的信息，由此导致“孩子连同洗脚水一起被倒掉”的不良效应。一个可选的方法就是从变量中剔除线性时间趋势，然后对去势后的变量设定经验关系。去势行为假定了经济变量持有可分离的确定性趋势，但是，这一假定在很多时候并不那么符合现实。基于线性去势后的变量而建立的动态经济计量模型也许能刻画经济变量间的短期动态联系，但对它们间的长期关系的描述缺乏能力。这种缺乏长期关系解释能力的尴尬情形，对差分序列模型也是如此。

针对以上问题，Granger 的解决方案可通过式（4-1）最简单的两变量回归模型来加以说明：

$$y_t = a + bx_t + \varepsilon_t \tag{4-1}$$

其中，$\{\varepsilon_t\}$ 表示均值为 0 的白噪声序列。Granger（1981）提到一个时间序列的理论方程若要有意义，那么它的左右两边动态性质应是一致的，即处于方程右边的解释变量 x_t 能产生处于方程左边的被解释变量 y_t 的多数性质。例如，在 $\varepsilon_t \sim I(c)(c \leqslant d)$ 的条件下，若 $y_t \sim I(d)$，则理应有 $x_t \sim I(d)$；还有在 ε_t 为白噪声的条件下，若 y_t 为季节变量，那么 x_t 也应该是季节变量。现在假设方程中的 $x_t \sim I(1)$ 和 $y_t \sim I(1)$，那么常理意义下同样会有 $\varepsilon_t \sim I(1)$ 成立。然而，如果 ε_t 的性质违背常理而表现出 $\varepsilon_t \sim I(0)$，那么意味着 $y_t - bx_t \sim I(0)$，即 x_t 和 y_t 的线性组合具有和 $I(0)$ 变量相同的统计性质。同时由简单的推理可知，系数 b 的存在具有唯一性。在这种情况下，变量 x_t 和 y_t 被称为协整。对多变量而言，定义类似，即如

果一组服从 $I(1)$ 过程的变量的线性组合服从 $I(0)$ 过程，那么认为这组变量是协整的。下面正式从数学角度给出有关协整的几个更平凡的定义。

定义 4.1 对于 m 个 $I(1)$ 变量组成的向量 y_t，如果存在向量 $b_i \neq 0$ 使 $b_i' y_t$ 为趋势平稳过程，那么就称 y_t 分量是协整的。进一步，如果存在 r 个这样线性不相关的向量 $b_i(i=1, 2, \cdots, r)$，那么称 y_t 的协整秩等于 r，并将矩阵 $B=(b_1, b_2, \cdots, b_r)$ 称为协整矩阵①。

定义 4.2 对于 m 个 $I(d)$ 变量组成的向量 y_t，如果存在向量 $b_i \neq 0$ 使 $b_i' y_t \sim I(d-c)$，$c>0$，则称 y_t 分量存在（d，c）阶协整关系，记为 $y_t \sim CI(d, b)$，而 b_i 称作协整向量。

从以上 2 个线性协整定义不难发现，协整关系的本质就是线性组合 $b_i' y_t$ 使包含 y_t 中的随机趋势和时间趋势得以退化，同时依据 Granger 表述定理，可引出误差修正模型（4-2）。

$$\Delta y_t = AB' y_{t-1} + \sum_{j=1}^{k-1} \Gamma_i \Delta y_{t-i} + u_t \tag{4-2}$$

其中，A 为调整速度参数矩阵，$\Gamma_i(i=1, 2, \cdots, k-1)$ 为差分序列 Δy_{t-i} 的自回归系数矩阵，k 为自回归的阶数，$\{u_t\}$ 为白噪声序列。

注意，当 $\Pi = AB' = 0$ 时，意味着 y_t 的各分量间不存在协整关系；当 Π 满秩时，那么 y_t 的各分量必须为平稳过程才能保证式等号左右两边具有相同的统计性质。更有意义的情形就是当 Π 既不满秩也不等于 0，此时 A 和 B 均是 $m \times r$ 的矩阵。另外注意到对任意的 $r \times r$ 非奇异矩阵 F，均有 $\Pi = AB' = AF^{-1}(BF')'$ 的成立，因此 A 和 B 的识别成了问题。缺乏识别性有时导致多变量协整分析结果无法解释，因此找到一个合理正则化矩阵 B 的方法经常构成协整分析工作中最困难的部分。

通过对式（4-2）的分析可知，A 和 B 均是线性的，隐含着经济协整系统的长期均衡和短期调整都是线性的，但许多经济学家认为现实经济系统中各变量之间的关系可能存在非线性，因此非线性协整就自然被摆进研究菜单之中。虽然非线性协整模型不是本书研究的重点内容，下面还是以最简洁的方式给出非线性协整的抽象定义，希望对读者有益。

定义 4.3 对于 m 维时间序列 y_t，如果有（i）y_t 的所有分量均是依均值的长记忆序列（Long Memory in Mean，LMM）；（ii）存在一个非线性函

① 与前文相比，定义中向量 b_i 加了下标 I，目的着重说明可能存在多个协整向量。

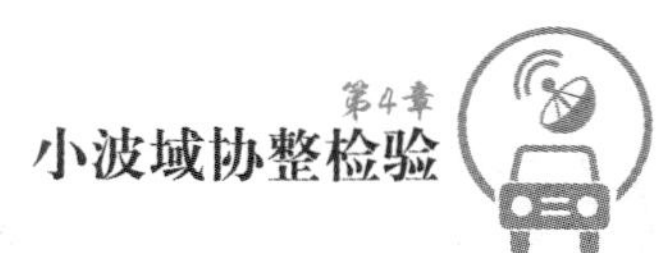

数$f(\cdot)$，使$z_t = f(y_{1t}, y_{2t}, \cdots, y_{mt})$为一个零均值的依均值的短记忆序列（Short Memory in Mean，SMM），则称y_t的分量序列为非线性协整的[①]。

4.2 线性协整的检验框架

自从协整（Granger，1981；Engle and Granger，1987）被创造性地提出以来，涌现出一大批关注识别经济系统中协整变量数量的相关文献。早期的协整检验方法出现在Johasen（1988）和Stock与Watson（1988）等文献中。早期的检验方法均是在一些特定的假设下发展出来的，而在实际应用中这些特定的假定又不总是那么理想；同时这些检验方法均以大样本渐近分析为基础，但通过模拟发现它们的小样本性质有时并不太令人满意，离现实应用总存在或多或少的距离。因此，之后出现了大量对已有协整检验方法进行改进的研究工作，以此对协整检验提供可选的技术参考。

综观国内外相关文献，大体可将众多的协整检验方法分为两种类型：

第一类是基于协整方程残差的检验，这类方法是随着单位根检验方法的发展而逐步建立起来的。对于m维时间序列y_t，基于残差的检验方法包括两个步骤，因此又称为EG两步检验法。第一步是在时间序列变量间建立静态的或长期的回归模型，第二步是对回归模型的残差做单位根检验。若残差是平稳的，则协整关系成立。事实上，任何用于单位根检验的统计量均能被用作协整检验。检验的临界值取决于确定性成分的类型以及第一步中协整方程右边的解释变量的数量。

第二类检验统计量是由Johasen（1988）率先提出，用于检验多维时间序列变量协整关系而发展起来的，因此它们被称为系统协整检验。此类检验的优势在于其将所有的变量都看作是内生的，而且允许多个协整向量潜在地存在于这m个变量中。当然，在实证文献中，广泛出现的情形是对$I(1)$变量间的分析。然而，在近些年对含有两个单位根的时间序列建模已经被考虑，因此针对$I(2)$变量的系统协整检验已经被开发，优点是其能从识别经济变量间的长期、中期和短期关系的意义上，提出更加丰富的结果。

---

① 有关LMM和SMM序列的严格定义参见文献张世英和樊智（2009）。

4.3 协整检验 EG 两步法与单位根检验的内在联系

通过前面的介绍，清晰地知道如果定义 4-1 中的协整向量 $b_i(i=1, 2, \cdots, r)$ 潜在已知[①]，且 y_t 中每个分量均为 $I(1)$ 过程，那么 EG 协整检验就能直接简化成对线性组合 $b_i'y_t$ 的平稳性检验。那么第 3 章介绍的和新提出的单位根检验程序，均可帮助完成这项工作，即整个协整检验。对于协整向量 $b_i(i=1, 2, \cdots, r)$ 事先已知这种情形，虽不常见，但有些经济理论的确隐含着这样的信息。

例如，购买力平价理论认为，除去运输成本，商品在两个国家应该以同样的有效价格进行出售。令 P_{At} 表示 A 国价格水平指数（每件商品以 A 国货币计价），P_{Bt} 表示 B 国价格水平指数（每件商品以 B 国货币计价），S_t 表示两国货币之间的汇率（单位 B 国货币对 A 国货币量）。那么根据购买力平价理论有式（4-3）。

$$P_{At}=S_tP_{Bt} \tag{4-3}$$

等式两边取对数后有式（4-4）。

$$p_{At}=s_t+p_{Bt} \tag{4-4}$$

其中，$p_{At}=\log P_{At}$，$p_{Bt}=\log P_{Bt}$ 和 $S_t=\log S_t$。在现实经济生活中，价格测算的误差、运输成本的和商品品质的差异等的存在，导致购买力平价理论所暗示的是在每一个时期都严格成立，那么一个更符合现实意义的假设方程是，将 z_t 表达成 p_{At}、s_t 和 p_{Bt} 的线性组合，即式（4-5）。那么，即使各个变量 p_{At}、s_t 和 p_{Bt} 序列都服从 $I(1)$，$z_t=b_i'\begin{pmatrix}p_{At}\\ s_t\\ p_{At}\end{pmatrix}$ 仍为 $I(0)$，其中 $b_i'=(1, -1, -1)$ 就是已知的潜在协整向量。由此说明，在协整向量 $b_i(i=1, 2, \cdots, r)$ 已知的前提下，整个协整检验 EG 两步法就演变成单纯的单位根检验程序。

---

① 相应地，对于非线性协整，前提就变成了定义式（4-3）中的函数 $f(\cdot)$ 已知。

$$z_t = p_{At} - s_t - p_{Bt} \tag{4-5}$$

在现实经济分析实践中，通常事先并不知道所要面对的单位根变量之间是否存在潜在的协整关系，就更谈不上协整向量 $b_i(i=1, 2, \cdots, r)$ 已知。那么，首先需通过普通最小二乘（OLS）等其他方法对协整向量做估计，其次对回归模型的残差做单位根检验。若残差是平稳的，那么原考虑的变量之间就是协整的，否则它们之间就不存在协整关系。之所以这是一条有效的检验路径，原因在于如果 $z_t = b_i'y_t$ 是平稳的，且其二阶矩存在，则有式（4-6）。

$$T^{-1}\sum_{t=1}^{T} z_t^2 = T^{-1}\sum_{t=1}^{T} (b_i'y_t)^2 \xrightarrow{p} E(z_t^2) \tag{4-6}$$

相反，若 b_i 不是一个协整向量，那么 $z_t = b_i'y_t$ 是 $I(1)$，这样就有 $T^{-1}\sum_{t=1}^{T} z_t^2 \to +\infty$。这就表明，只要协整关系存在，选择正则化[①]的向量 $\hat{b}_i$ 并使式（4-6）达到最小的 OLS 等方法，有能力获得协整向量的一致估计。事实上，Phillips 和 Durlanf（1986）以及 Stock（1987）证明了这样一个估计量是超一致的，以速度 T 而非以速度 $T^{1/2}$ 收敛。同时，当不存在协整关系时，$\hat{b}_i$ 并不能给出任何总体参数的一致估计，且 OLS 估计的样本残差序列 $\{\hat{\varepsilon}_t\}$ 会不平稳（Hamiltom，1994）。因此，基于 OLS 估计后残差序列的标准单位根检验，例如 ADF 和 PP 检验，均可用于协整检验。需要强调的是，尽管这些检验统计量与第 3 章考虑的单个原始序列 $\{y_t\}$ 的方法是用相同的方法来构造，但当它们用于由“伪回归”产生的残差序列 $\{\hat{\varepsilon}_t\}$ 检验时，用作推断依据的检验统计量的临界值会有所不同。

4.4 小波域协整检验

4.4.1 检验模型设定与协整模型的初始估计

通过以上协整检验的 EG 两步法与单位根检验的内在联系的分析可知，

① 这里的正则化是指 $\hat{b}_i$ 的第一元素为 1。

任何一个单位根检验统计量在理论上均可在 EG 两步法的框架下用于变量间的协整检验，这其中包括本书第 3 章提出的 TXL_1。由于潜在的协整通常未知，因此具体实践时必须在 EG 两步法的第一步中对其进行估计，那时又面临两种协整模型（4-7）和模型（4-8）的选择，即带常数项的协整模型和不带常数项的协整模型。

$$y_{1t}=\beta_2 y_{2t}+\beta_3 y_{3t}+\cdots+\beta_m y_{mt}+\varepsilon_t \tag{4-7}$$

$$y_{1t}=\beta_0+\beta_2 y_{2t}+\beta_3 y_{3t}+\cdots+\beta_m y_{mt}+\varepsilon_t \tag{4-8}$$

E 步中选择不同的协整模型，对后续的协整检验有重要的影响，不能忽视。下面以一个二维 $y_t'=(y_{1t},\ y_{2t})\sim I(1)\ (m=2)$ 的情况进行分析，首先考虑情形一：$E(\Delta y_t)=0$，此条件下不管 y_{1t} 和 y_{2t} 是否具有协整关系，对于两个回归模型 $y_{1t}=b_2y_{2t}+\varepsilon_t$ 和 $y_{1t}=b_0+b_2y_{2t}+\varepsilon_t$ 回归系数的任意估计 $\hat{b}_2$ 或 $(\hat{b}_0,\ \hat{b}_2)$，都会使它们残差的差分序列均值为 0，即 $E(\Delta\hat{\varepsilon}_t)=0$。因为有式（4-9）以及式（4-10）的成立。这个简单的结论提示，在 G 步对残差序列进行单位根检验时，自回归模型合理设定应为 $\hat{\varepsilon}_t=\rho\hat{\varepsilon}_{t-1}+u_t$，而非 $\hat{\varepsilon}_t=a+\rho\hat{\varepsilon}_{t-1}+u_t$。

$$\begin{aligned}E(\Delta\hat{\varepsilon}_t)&=E[(1-B)\hat{\varepsilon}_t]=E[(1-B)(y_{1t}-\hat{b}_2y_{2t})]\\&=E(\Delta y_{1t})-\hat{b}_2E(\Delta y_{2t})=0\end{aligned} \tag{4-9}$$

$$\begin{aligned}E(\Delta\hat{\varepsilon}_t)&=E[(1-B)\hat{\varepsilon}_t]=E[(1-B)(y_{1t}-b_0-\hat{b}_2y_{2t})]\\&=E(\Delta y_{1t})-\hat{b}_2E(\Delta y_{2t})=0\end{aligned} \tag{4-10}$$

其次考虑情形二：$E(\Delta y_t)\neq 0$，和情形一会有什么不同呢？为了分析的方便和深入，同样以二维 $y_t'=(y_{1t},\ y_{2t})\sim I(1)$ 序列分析这种情形下的三种子情形：

其一，$E(\Delta y_{1t})=0$，且 $E(\Delta y_{2t})=\delta_2\neq 0$，在这个子情形下，对于任意的非零 $\hat{b}_2$ 或 $(\hat{b}_0,\ \hat{b}_2)$，有：

$$\begin{aligned}E(\Delta\hat{\varepsilon}_t)&=E[(1-B)\hat{\varepsilon}_t]=E[(1-B)(y_{1t}-\hat{b}_2y_{2t})]\\&=E(\Delta y_{1t})-\hat{b}_2E(\Delta y_{2t})\neq 0\end{aligned}$$

以及

$$E(\Delta\hat{\varepsilon}_t)=E[(1-B)\hat{\varepsilon}_t]=E[(1-B)(y_{1t}-b_0-\hat{b}_2y_{2t})]$$

$$= E(\Delta y_{1t}) - \hat{b}_2 E(\Delta y_{2t}) \neq 0$$

其二，$E(\Delta y_{1t}) = \delta_1 \neq 0$ 且 $E(\Delta y_{2t}) = 0$，那么此时对于任意的 $\hat{b}_2$ 或（$\hat{b}_0$，$\hat{b}_2$），均有 $E(\Delta\hat{\varepsilon}_t) \neq 0$。

同时不难看到在以上两种子情形下，即一个序列差分后均值为 0，另一个序列差分后均值不为 0 时，y_{1t} 和 y_{2t} 间根本不可能存在协整关系，谈不上需要什么检验。

其三，$E(\Delta y_{1t}) = E(\delta_1 + u_{1t}) = \delta_1 \neq 0$，$E(\Delta y_{2t}) = E(\delta_2 + u_{2t}) = \delta_2 \neq 0$，且 $\delta_1 \neq \hat{b}_2\delta_2$，此时对于任意的 $\hat{b}_2$ 或（$\hat{b}_0$，$\hat{b}_2$）有：

$$E(\Delta\hat{\varepsilon}_t) = E[(1-B)\hat{\varepsilon}_t] = E[(1-B)(y_{1t} - \hat{b}_2 y_{2t})]$$

$$= E(\Delta y_{1t}) - \hat{b}E(\Delta y_{2t}) = \delta_1 - \hat{b}_2\delta_2 \neq 0$$

以及

$$E(\Delta\hat{\varepsilon}_t) = E[(1-B)\hat{\varepsilon}_t] = E[(1-B)(y_{1t} - b_0 - \hat{b}_2 y_{2t})]$$

$$= E(\Delta y_{1t}) - \hat{b}_2 E(\Delta y_{2t}) = \delta_1 - \hat{b}_2\delta_2 \neq 0$$

不难看出，在第三个子情形下，只有 $\delta_1 = \hat{b}_2\delta_2$ 时，才有可能使 $E(\Delta\hat{\varepsilon}_t) = 0$。然而，Hansen（1992）证明了在这一子情形下，即使 y_{1t} 和 y_{2t} 间为伪回归关系，但基于模型 $y_{1t} = \beta_0 + \beta_2 y_{2t} + \varepsilon_t$ 中 β_2 的 OLS 估计 $\hat{b}_2$ 的确会收敛至 δ_1/δ_2，而此时残差的差分收敛于 $u_{1t} - (\delta_1/\delta_2)u_{2t}$，那么自然有 $E(\Delta\hat{\varepsilon}_t) \xrightarrow{p} E[u_{1t} - (\delta_1/\delta_2)u_{2t}] = 0$。另外，Hansen（1992）也进一步阐述了对于多维（$m > 2$）协整模型以及 $\delta_1 = 0$，但 $\delta_j \neq 0$（$2 \leqslant j \leqslant m$），伪回归关系的估计仍有 $\hat{b}_j \xrightarrow{p} \delta_1/\delta_j$ 和 $E(\Delta\hat{\varepsilon}_t) \xrightarrow{p} 0$ 的成立。综合对 $E(\Delta y_t) \neq 0$ 情形的分析可知，对其进行协整检验时，在 G 步中设定残差自回归模型选择检验式 $\hat{\varepsilon}_t = \rho\hat{\varepsilon}_{t-1} + u_t$ 仍比 $\hat{\varepsilon}_t = a + \rho\hat{\varepsilon}_{t-1} + u_t$ 更合理。

另外，有两点需稍作说明：第一，在 EG 两步法的第一步中，协整模型的 OLS 初始估计应尽量考虑不带常数项的模型。原因在于若初始估计的协整模型加入常数 a，样本残差序列 $\{\hat{\varepsilon}_t\}$ 的均值易收缩到 0。此时不管 $\{\hat{\varepsilon}_t\}$ 序列真实状况是平稳还是非平稳，采用带漂移项的单位根检验方法进行检验，显然不太符合逻辑。第二，若通过图形展示，发现样本残差序列 $\{\hat{\varepsilon}_t\}$ 具有较为明显的时间趋势，否则仍没有信心确保模型 $\hat{\varepsilon}_t = a + \rho\hat{\varepsilon}_{t-1} +$

u_t 中 $a \neq 0$，进而采用统计量 TXL_1 进行检验，若样本残差序列 $\{\hat{\varepsilon}_t\}$ 无明显趋势，那么此时更愿接受 $\{\hat{\varepsilon}_t\}$ 来自模型 $\hat{\varepsilon}_t = \rho\hat{\varepsilon}_{t-1} + u_t$ 的理论分析和模拟中的一般表现。

出于以上两点考虑，自然构成了变量间协整检验的额外顾虑，将检验程序复杂化。因此，之前许多检验都是考虑带常数项的协整模型的初始估计，然后采用标准的单位根检验方法进行协整检验，以简化检验程序。这样可以消除以上两点，同时若后续通过模型 $\hat{\varepsilon}_t = \rho\hat{\varepsilon}_{t-1} + u_t$ 对单位根检验，发现残差序列 $\{\hat{\varepsilon}_t\}$ 平稳，那么进一步用常规手段对 β_0 的显著性进行有意义的检验，为误差修正模型（ECM）的转化奠定基础；若后续的检验发现 $\{\hat{\varepsilon}_t\}$ 不平稳，那么就没必要考虑 $\hat{\varepsilon}_t = a + \rho\hat{\varepsilon}_{t-1} + u_t$ 中 a 是否等于 0 以及 β_0 是否显著异于 0 等问题。

综合以上分析，本书仍以 EG 两步检验为基础框架、以带常数项的潜在协整模型为初始估计模型，利用小波分析建立经济变量间协整关系的检验方法。为了达到以上目标，必须在小波域内开发另一个用于检验不含漂移项的单位根的检验程序，并在此基础上给出用于由“伪回归”产生的残差序列 $\{\hat{\varepsilon}_t\}$ 检验时的临界值。由于第 3 章提出的检验统计量 TXL_1 是严格针对带漂移项的单位根过程检验而建立的，因此要完成本章的协整检验目标，还需要开发不带漂移项的单位根过程检验统计量与程序，以满足协整检验的需要。

4.4.2 检验统计量的构建及其性质

为了方便陈述，先假设模型（4-11）的潜在协整向量[①] $b' = (\beta_0, \beta_2, \cdots, \beta_m)$ 已知，仅考虑随机误差序列 $\{\varepsilon_t\}$ 的动态性质，它又可能产生于 $\rho = 1$ 和 $|\rho| < 1$ 的 AR 过程：

$$\varepsilon_t = \rho\varepsilon_{t-1} + u_t \tag{4-11}$$

在此，同样采用 Haar 小波滤波器对随机误差序列 $\{\varepsilon_t\}$ 进行单位尺度的离散小波变换（DWT），T 也设定为偶数。那么，相应可产生 $\{\varepsilon_t\}$ 的小波和尺度系数序列，且原序列 $\{\varepsilon_t\}$ 及其小波和尺度系数序列的样本方差的定义如同本书 3.3.2 中 $\{y_t\}$ 的相应定义。现构造检验统

① 本书（包括在其他处）之所以将其称作为潜在的，因为在给出协整检验结果之前，这个向量是否真具有协整意义还是未知的。

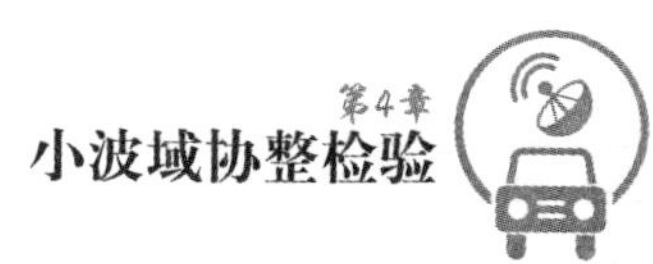

计量式（4-10）：

$$\chi_{W_1}^{\cdot 2} \equiv \frac{2S_{\varepsilon}^2 - S_{V_1}^2 - S_{W_1}^2}{\frac{8M^2-8}{4M^2-1}S_{\varepsilon}^2 - S_{V_1}^2 - \frac{4M^2-7}{4M^2-1}S_{W_1}^2} \tag{4-12}$$

并以定理 4.1 陈述$\chi_{W_1}^{\cdot 2}$ 其在原假设和备择假设下的收敛性质和极限分布。

定理 4.1 在$H_0(\rho = 1)$下，$\chi_{W_1}^{\cdot 2} \xrightarrow{L} \dfrac{W_2^2(1)}{-6\int_0^1 [W(r)]^2 dr + 6[\int_0^1 W(r)dr]^2 + W_2^2(1)}$；

在$H_1(|\rho| < 1)$（不存在单位根）下，$\chi_{W_1}^{\cdot 2} \xrightarrow{P} 1$。其中，$W_2(t)$ 为一个标准维纳过程[①]，而 $W(t)$ 为 $W_2(t)$ 与独立于 $W_2(t)$ 的另一个标准维纳过程 $W_1(t)$ 之和的 $1/\sqrt{2}$ 倍，即 $W(t) = 1/\sqrt{2}[W_1(t) + W_2(t)]$。

证明：

首先，证明统计量在$H_0(\rho = 1)$时的收敛情况，令式（3-33）或式（3-78）中的 $a = 0$，可知$\chi_{W_1}^{\cdot 2}$ 的分母有如下表述：

$$\begin{aligned}
&\frac{8M^2-8}{4M^2-1}S_{\varepsilon}^2 - S_{V_1}^2 - \frac{4M^2-7}{4M^2-1}S_{W_1}^2 \\
&= \frac{-6}{(4M^2-1)M}\sum_{t=1}^{M}\xi_{2t-1}^2 + \frac{-6}{(4M^2-1)M}\sum_{t=1}^{M}\xi_{2t-1}u_{2t} \\
&+ \frac{6}{(4M^2-1)M^2}(\sum_{t=1}^{M}\xi_{2t-1})^2 + \frac{6}{(4M^2-1)M^2}\sum_{t=1}^{M}\xi_{2t-1}\sum_{t=1}^{M}u_{2t} \\
&+ \frac{2M^2-2}{(4M^2-1)M^2}(\sum_{t=1}^{M}u_{2t})^2
\end{aligned} \tag{4-13}$$

其次，由引理 3.2 可知式右边的 5 项的收敛速度分别为：

$$\frac{8M^2-8}{4M^2-1}S_{\varepsilon}^2 - S_{V_1}^2 - \frac{4M^2-7}{4M^2-1}S_{W_1}^2$$

---

① 将另一个标准维纳过程的下标记为 2，即 $W_{2(t)}$，目的有两个：一是可以与第 3 章的符号统一，二是特此提醒，要产生这一统计量的模拟随机数，需要有两条虚拟的布朗运动。

$$= O_p(M^{-1}) + O_p(M^{-2}) + O_p(M^{-1}) + O_p(M^{-2}) + O_p(M^{-1}) \quad (4-14)$$

那么，当在式两端乘以 M 后，只第 1、第 3 和第 5 对统计量 $\chi_{W_1}^{\cdot 2}$ 的极限分布有意义，得以保留下来，即：

$$M\left(\frac{8M^2-8}{4M^2-1}S_\varepsilon^2 - S_{V_1}^2 - \frac{4M^2-7}{4M^2-1}S_{W_1}^2\right) \xrightarrow{L} -$$

$$3\sigma^2\int_0^1[W(r)]^2\mathrm{d}r + 3\sigma^2\left[\int_0^1 W(r)\mathrm{d}r\right]^2 + \frac{\sigma^2}{2}W_{22}(1) \quad (4-15)$$

另外，令式（3-41）中的 $a=0$，可知统计量 $\chi_{W_1}^{\cdot 2}$ 分子可表达成式（4-16）：

$$2S_\varepsilon^2 - S_{V_1}^2 - S_{W_1}^2 = \frac{1}{2M^2}\left(\sum_{t=1}^{M} u_{2t}\right)^2 = O_p(M^{-1}) \quad (4-16)$$

且根据引理 3.2 可知，在式（4-14）乘以 M 后有式（4-17）。

$$M(2S_\varepsilon^2 - S_{V_1}^2 - S_{W_1}^2) = \frac{1}{2M^2}\left(\sum_{t=1}^{M} u_{2t}\right)^2 \xrightarrow{L} \frac{\sigma^2}{2}W_{22}(1) \quad (4-17)$$

再根据连续映射定理有式（4-18）。

$$\frac{2S_\varepsilon^2 - S_{V_1}^2 - S_{W_1}^2}{\frac{8M^2-8}{4M^2-1}S_\varepsilon^2 - S_{V_1}^2 - \frac{4M^2-7}{4M^2-1}S_{W_1}^2}$$

$$= \frac{M(2S_\varepsilon^2 - S_{V_1}^2 - S_{W_1}^2)}{M\left(\frac{8M^2-8}{4M^2-1}S_\varepsilon^2 - S_{V_1}^2 - \frac{4M^2-7}{4M^2-1}S_{W_1}^2\right)}$$

$$\xrightarrow{L} \frac{\frac{\sigma^2}{2}W_2^2(1)}{-3\sigma^2\int_0^1[W(r)]^2\mathrm{d}r + 3\sigma^2\left[\int_0^1 W(r)\mathrm{d}r\right]^2 + \frac{\sigma^2}{2}W_2^2(1)}$$

$$= \frac{W_2^2(1)}{-6\int_0^1[W(r)]^2\mathrm{d}r + 6\left[\int_0^1 W(r)\mathrm{d}r\right]^2 + W_2^2(1)} \quad (4-18)$$

接下来，证明统计量 $\chi_{W_1}^{\cdot 2}$ 在备择假设 $H_1(|\rho|<1)$ 下的大样本性质。由于此时 $\{\varepsilon_t\}$ 序列为平稳序列，那么经小波变换（线性滤波）后，产生

$\{\varepsilon_t\}$ 的小波和尺度系数序列 $\{W_{1,\ t}\}$ 和 $\{V_{1,\ t}\}$ 仍然具有平稳性质，因此，它们各自样本方差将依概率收敛到总体方差，即式（3-42）、式（3-43）、式（3-44）以及式（3-45）此时依然成立。

同时，由于 $\lim\limits_{M\to\infty}\dfrac{8M^2-8}{4M^2-1}=2$ 和 $\lim\limits_{M\to\infty}\dfrac{4M^2-7}{4M^2-1}=1$，再根据 Hamilton（1994）之性质 7.1 易知，统计量 $\chi_{W_1}^{\cdot 2}$ 的分母 $\dfrac{8M^2-8}{4M^2-1}S_y^2-S_{V_1}^2-\dfrac{4M^2-7}{4M^2-1}S_{W_1}^2$ 在备择假设 $H_1(|\rho|<1)$ 将和统计量 $2S_y^2-S_{V_1}^2-S_{W_1}^2$ 一样以同样的速度依概率收敛到同一质点，从而有 $\chi_{W_1}^{\cdot 2}\xrightarrow{P}1$。

图 4-1 和图 4-2 分别以茎叶图的方式展示了统计量 $\chi_{W_1}^{\cdot 2}$ 在原假设 $H_0(\rho=1)$ 和备择假设下 $H_1(\rho=0.9)$ 的主体统计分布①。从其中不难看出，统计量 $\chi_{W_1}^{\cdot 2}$ 在备择假设下的 1000 个数据点共有 747 个数据点接近于 1，同时只有少数点分布其他点位；而其在原假设下呈现完全不同的分布特征，即在 0 点位分布了绝大部分的数据点（1000 个中的 535+265=800），并且在 0 的左侧分布密度更高，在 1 附近只有十分有限的 8 个数据点，由此可验证以上的理论分析与推导是正确的。

```
-10 |
 -9 |
 -8 |
 -7 |
 -6 | 2
 -5 |
 -4 | 9
 -3 |
 -2 | 653210
 -1 | 8654331100
 -0 | 98777777776665555544444444444444444333333333333333333333332222222222222222+535
  0 | 11111111111111111111111111111111111111111111111111111111111111111111111111+265
  1 | 02223567
  2 | 1149
  3 | 1569
  4 | 6
  5 |
  6 | 0
  7 |
  8 | 0
```

图 4-1　检验统计量 $\chi_{W_1}^{\cdot 2}$ 在原假设下分布的茎叶图

注：①虚线右边存在一位小数点；②共 1000 个数据点。

① 由于完整茎叶图因包含了极少但极大的数据点，导致图形整体过大，所以为了节省篇幅只保留其主体部分。

```
-9 | 6
-8 | 9
-7 |
-6 |
-5 | 543
-4 | 86542
-3 | 620
-2 | 9854320
-1 | 95552200
-0 | 9887776444443333332222222222222222222111111111111111111111000000000000000000000
 0 |
 1 | 0000000000000000000000000000000000000000000000000000000000000000000000000000000+747
 2 | 000000000000001111222233334456677889
 3 | 01234678
 4 | 4578
 5 | 2235577
 6 | 45
 7 | 3
 8 |
 9 |
```

图 4-2　检验统计量 $\chi_{W_1}^{*2}$ 在备择假设下分布的茎叶图

注：①虚线右存在一位小数点；②共 1000 个数据点。

那么，在定理 4.1 的基础上，可进一步构造如式（4-19）检验统计量。并易知以此进行左侧单侧检验可有效地识别原假设 $H_0(\rho=1)$ 和备择假设 $H_1(|\rho|<1)$，因为在原假设 $H_0(\rho=1)$ 下有式（4-20）。而备择假设 $H_1(|\rho|<1)$，$TXL_1^* \xrightarrow{p} 0$。

$$TXL_1^* = |\chi_{W_1}^{*2} - 1| \tag{4-19}$$

$$TXL_1^* \xrightarrow{L} \left| \frac{6\int_0^1 [W(r)]^2 dr - 6\left[\int_0^1 W(r)dr\right]^2}{-6\int_0^1 [W(r)]^2 dr + 6\left[\int_0^1 W(r)dr\right]^2 + W_2^2(1)} \right| \geqslant 0 \tag{4-20}$$

图 4-3 展示了检验统计量 TXL_1^* 在原假设下的极限分布，可以看出统计量 TXL_1^* 在 0 附近有极高的分布密度，其中暗示在其用做检验时，需注意计算机的模拟精度。在确定检验临界值时若出现少许的误差，可能将给

其检验水平带来较大的扭曲，同时将检验势产生较大的损失①。当然在计算成本日益降低的当今，这一问题已不再是大的障碍。表 4-1 是根据式（4-18）和参考文献 MacKinnon（2000）的模拟策略产生检验统计量 TXL_1^* 的极限分布下临界值，具体模拟细节同第 3 章的检验统计量 TXL_1。

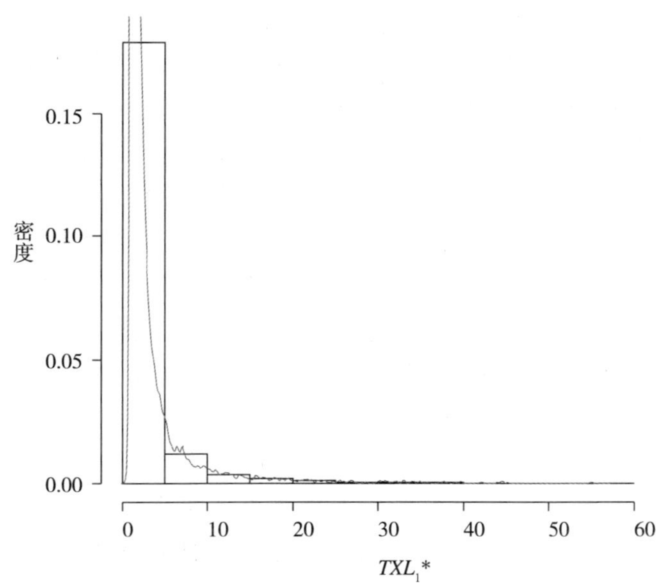

图 4-3　检验统计量 TXL_1^* 在原假设下极限分布的直方密度图

资料来源：作图的数据来源式中 10000 个分散点的近似积分。

表 4-1　检验统计量 TXL_1^* 极限分布的临界值

α = 0.01	α = 0.025	α = 0.05	α = 0.1	α = 0.125
1.0000	1.0006	1.0029	1.0140	1.0229

在本节的开始，做了一个较为严格的假设，即潜在协整向量 $b'=(\beta_0, \beta_2, \cdots, \beta_m)$ 已知，但在经济计量实践中，往往找不到潜在协整向量为已知的先验信息，因此在更多的场合下需要事先采用如最小二乘估计方法等

① 因为前文提到要用此统计量的左侧分位点（如 0.01、0.05 分位点等）做出检验结论，而图显示了其左侧有极高的分布密度。

对潜在协整向量进行初始估计，然后针对协整模型，残差 $\hat{\varepsilon}_t$ ，采用不带漂移项 AR 模型 $\hat{\varepsilon}_t = \rho\hat{\varepsilon}_{t-1} + u_t$ 进行平稳性检验，最终对经济变量 y_1，y_2，…，y_m 之间是否存在协整关系给出检验结论。

尽管检验统计量 TXL_1^* 的分布不依赖于冗余参数，但当其统计量由残差 $\hat{\varepsilon}_t$ 计算时，因为残差结构比较复杂，导致该分布与由原始数据 ε_t 计算时统计所服从的极限分布有所不同，经典的 Dickey and Fuller（1979）检验统计量 $T(\hat{\rho}_T - 1)$ 、Phillips 和 Perron （1988） 的 Z_ρ 和 Z_t 等其他检验统计量也存在这一差异。在对潜在协整向量进行有效估计时，解释变量的数量 $m-1$ 会对检验统计量 TXL_1^* 的极限分布产生影响，由此意味着每个不同的 $m-1$ 值，必须使用不同的临界值来解释检验统计量 TXL_1^*。

基于残差 $\hat{\varepsilon}_t$ 而计算的检验统计量 TXL_1^* 的极限分布，其推导过程与显式表达均相当的烦琐，因此出于实际应用的需要，下面按照 Dickey 和 Fuller（1979）、Phillips 和 Perron （1988） 等的惯例做法，采用 Monte Carlo 模拟方法计算统计量 TXL_1^* 用于伪回归协整检验的临界值。具体来说，首先产生一个容量为 $T \in \{100, 200, 500, 1000\}$ 样本：y_{1t}，y_{2t}，…，y_{mt}，要求每个序列都是独立高斯的随机游走①，其中 $m \in \{2, 3, 4\}$ ；其次用 OLS 估计式之后获取残差序列 $\{\hat{\varepsilon}_t\}$ 的数据；再次，计算出检验统计量 TXL_1^* 的值；最后重复以上三个步骤 50000 次，计算出 TXL_1^* 的 α 分位点，其中 $\alpha \in \{0.01, 0.0125, 0.05, 0.1, 0.125\}$ ，临界值的计算结果如表 4-2 所示。

4.4.3 协整检验功效与检验水平的 Monte Carlo 仿真

为了考察以上基于小波技术而构造的检验统计量 TXL_1^* 在有限样本条件下的表现，即直观展示其在情形一（$E(\Delta y_t) = 0$）条件下的协整检验势与检验水平，现设计以下三个 Monte Carlo 实验，每个实验重复 50000 次。

---

① 对于情形一，在计算统计量 TXL_1^* 的模拟值和分布时，产生的 y_{1t}，y_{2t}，…，y_{mt} 都是不带漂移项的独立高斯的随机游走；对于情形二，在模拟计算统计量时，生成的 y_{1t}，y_{2t}，…，y_{mt} 中至少有一个 y_{jt} 带漂移项的独立高斯的随机游走，其余的均可为不带漂移项的独立高斯的随机游走。

表 4-2 应用于伪协整回归时检验统计量 TXL_1^* 的临界值

协整回归时解释变量的数量（$m-1$）	样本容量（T）	检验统计量 TXL_1^* 小于下面项的概率				
		0.01	0.025	0.05	0.1	0.125
情形一：$E(\Delta y_t)=0$						
1	100	0.06152224	0.09344642	0.13577963	0.21878602	0.26632374
	200	0.06635301	0.10025945	0.14567273	0.23548629	0.28646846
	500	0.07150971	0.10371808	0.15044921	0.24882251	0.30694198
	1000	0.07247868	0.10807958	0.15319435	0.25125545	0.30819574
2	100	0.04408298	0.06358335	0.09303835	0.14685410	0.17609719
	200	0.05339944	0.07318477	0.10127340	0.16084724	0.19602385
	500	0.05348210	0.07324706	0.10519283	0.17243507	0.20556340
	1000	0.05434504	0.07790540	0.10957417	0.17477253	0.21275397
3	100	0.03329025	0.04834395	0.06842191	0.10972677	0.12752228
	200	0.03912846	0.05613742	0.07579215	0.11966575	0.14364950
	500	0.04267411	0.05871805	0.08153171	0.12614534	0.15047920
	1000	0.04315261	0.06094853	0.08547030	0.12769765	0.15278827

续表

协整回归时解释变量的数量（$m-1$）	样本容量（T）	检验统计量 TXL_1^* 小于下面项的概率				
		0.01	0.025	0.05	0.1	0.125
情形二：$E(\Delta y_t)\neq 0$						
1	100	0.05547575	0.08312623	0.11934353	0.19842365	0.24438320
	200	0.05987912	0.09043719	0.13083219	0.21905801	0.26946506
	500	0.06187285	0.09372013	0.13643047	0.22576758	0.27325427
	1000	0.06851156	0.09858630	0.14450710	0.23758252	0.28523378
2	100	0.04112062	0.05914177	0.08400557	0.13634334	0.16527419
	200	0.04564934	0.06841592	0.09901592	0.15500509	0.18560940
	500	0.04878512	0.07080465	0.10148062	0.16303159	0.19540766
	1000	0.05223842	0.07616993	0.10718244	0.17029574	0.20586517
3	100	0.03131788	0.04520173	0.06391752	0.10184243	0.12002810
	200	0.03595538	0.05201782	0.07507042	0.11590181	0.13872991
	500	0.03923496	0.05713882	0.07993289	0.12595009	0.15005335
	1000	0.04265721	0.06019895	0.08390357	0.12872976	0.15298982

注：由于检验统计量在原假设下，在零附近有极高的概率密度，所以特意保留了多位小数，以提高精度。

实验一：

$$\begin{cases} y_{1t} = \beta_0 + \beta_2 y_{2t} + \varepsilon_t \\ \Delta y_{2t} = v_t \\ \varepsilon_t = \rho\varepsilon_{t-1} + u_t \end{cases} \tag{4-21}$$

其中，v_t 和 u_t 均是独立同分布的标准高斯随机变量，$t = 1, 2, \cdots, T$，$T \in \{100, 200, 500, 1000\}$，$\beta_0 \in \{0, 1\}$，$\beta_2 \in \{1, 4\}$ 以及 $\rho \in \{1, 0.98, 0.90\}$。

实验二：

$$\begin{cases} y_{1t} = \beta_0 + \beta_2 y_{2t} + \beta_3 y_{3t} + \varepsilon_t \\ \Delta y_{2t} = v_{2t} \\ \Delta y_{3t} = v_{3t} \\ \varepsilon_t = \rho\varepsilon_{t-1} + u_t \end{cases} \tag{4-22}$$

其中，v_{2t}、v_{3t} 和 u_t 均是独立同分布的标准高斯随机变量，$t = 1, 2, \cdots, T$，$T \in \{100, 200, 500, 1000\}$，$\beta' = (\beta_0, \beta_2, \beta_3) \in \{(0, 1, 2), (0, 1, 4), (1, 2, 2), (1, 2, 4)\}$，以及 $\rho \in \{1, 0.98, 0.90\}$。

实验三：

$$\begin{cases} y_{1t} = \beta_0 + \beta_2 y_{2t} + \beta_3 y_{3t} + \beta_4 y_{4t} + \varepsilon_t \\ \Delta y_{2t} = v_{2t} \\ \Delta y_{3t} = v_{3t} \\ \Delta y_{4t} = v_{4t} \\ \varepsilon_t = \rho\varepsilon_{t-1} + u_t \end{cases} \tag{4-23}$$

其中，v_{2t}，v_{3t}，v_{4t} 和 u_t 均是独立同分布的标准高斯随机变量，$t = 1, 2, \cdots, T$，$T \in \{100, 200, 500, 1000\}$，$\beta' = (\beta_0, \beta_2, \beta_3, \beta_4) \in \{(0, 1, 2, 4), (0, 1, 4, 8), (1, 2, 2, 4), (1, 2, 4, 8)\}$，以及 $\rho \in \{1, 0.98, 0.90\}$。

以上实验一、实验二和实验三三个实验的模拟结果分别被列于。每张

表中 $\rho = 1$ 的行用于考察检验统计量 TXL_1^* 伪回归协整时的检验水平，而 $\rho = 0.98$ 和 $\rho = 0.90$ 行用于显示检验统计量 TXL_1^* 的检验势。综合表 4-3、表 4-4 和表 4-5，可知检验统计量 TXL_1^* 在 5 种样本容量和三个名义显著水平的各类组合下，其检验水平扭曲均非常小，且的确如之前理论分析结果一致，即检验统计量的统计分布不受冗余参数 β' 的影响。而统计量 TXL_1^* 的检验势受样本容量影响比较大，在小样本 $T = 100$ 时，不管是在 $\rho = 0.98$ 还是在 $\rho = 0.90$ 的条件下，各类名义显著水平下的检验势均比较低，最大不超过 60%。但是，随着样本容量的逐步增大，其检验势得到快速的提升，如样本容量增加到 $T = 500$ 时，每种条件的检验势均在 60%以上，当样本容量再次增加到 $T = 1000$ 时，所有条件下的检验势均在 70%以上，最高达到 84.73%。另外，潜在协整模型中的解释变量的数量 $m-1$ 对检验势存在负面影响，即在其他条件相同时，$m-1$ 越大，检验势会越低，虽然影响并不大。

另外，由更细微的观察可知，在名义显著水平 10%条件下，检验统计量 TXL_1^* 在保持检验水平扭曲水平最低的同时，能大幅度地提高其检验势。鉴于此性质，建议读者在使用统计量 TXL_1^* 做协整检验时，尽可能采用名义显著水平 10%，这样能较好地权衡犯“拒真”和“纳伪”两类错误的概率。在小样本条件产生低势的原因，可能由于统计量 TXL_1^* 的最后构造步骤是统计量 $\chi_{W_1}^{*2}$ 与常数 1 做差值后，再取绝对值而形成的，易导致其不管是在原假设（不存在协整关系）还是在备择假设（存在协整关系）下的左尾分布密度较高，即厚左尾特征，进而降低在原假设与备择假设进行识别的分辨率。

同样设计实验四、实验五和实验六三个 Monte Carlo 实验，每个实验重复 50000 次用于考察检验统计量 TXL_1^* 在情形二［$E(\Delta y_t) \neq 0$］条件下的有限样本条件协整检验的表现，同时考察对极限而言的各类冗余参数对有限样本约束下的检验势与检验水平的影响。

实验四：

$$\begin{cases} y_{1t} = \beta_0 + \beta_2 y_{2t} + \varepsilon_t \\ \Delta y_{2t} = \delta + \upsilon_t \\ \varepsilon_t = \rho\varepsilon_{t-1} + u_t \end{cases} \tag{4-24}$$

其中，υ_t 和 u_t 均是独立同分布的标准高斯随机变量，$t = 1, 2, \cdots, T$，

$T \in \{100, 200, 500, 1000\}$，$\delta \in \{1, 3\}$，$\beta' = (\beta_0, \beta_2) \in \{(0, 1,),$ $(1, 4)\}$ 以及 $\rho \in \{1, 0.98, 0.90\}$。

实验五：

$$\begin{cases} y_{1t} = \beta_0 + \beta_2 y_{2t} + \beta_3 y_{3t} + \varepsilon_t \\ \Delta y_{2t} = \delta + \upsilon_{2t} \\ \Delta y_{3t} = \upsilon_{3t} \\ \varepsilon_t = \rho \varepsilon_{t-1} + u_t \end{cases} \tag{4-25}$$

其中，υ_{2t}，υ_{3t}和 u_t 均是独立同分布的标准高斯随机变量，$t=1, 2, \cdots, T$，$T \in \{100, 200, 500, 1000\}$，$\beta' = (\beta_0, \beta_2, \beta_3) \in \{(0, 1, 2), (1, 2, 4)\}$，$\delta \in \{1, 3\}$，以及 $\rho \in \{1, 0.98, 0.90\}$。

实验六：

$$\begin{cases} y_{1t} = \beta_0 + \beta_2 y_{2t} + \beta_3 y_{3t} + \beta_4 y_{4t} + \varepsilon_t \\ \Delta y_{2t} = \delta + \upsilon_{2t} \\ \Delta y_{3t} = \upsilon_{3t} \\ \Delta y_{4t} = \upsilon_{4t} \\ \varepsilon_t = \rho \varepsilon_{t-1} + u_t \end{cases} \tag{4-26}$$

其中，υ_{2t}，υ_{3t}，υ_{4t}和 u_t 均是独立同分布的标准高斯随机变量，$t=1, 2, \cdots, T$，$T \in \{100, 200, 500, 1000\}$，$\beta' = (\beta_0, \beta_2, \beta_3, \beta_4) \in \{(0, 1, 2, 4), (1, 2, 4, 8)\}$，$\delta \in \{1, 3\}$ 以及 $\rho \in \{1, 0.98, 0.90\}$。

用于考察情形二（$E(\Delta y_t) \neq 0$）条件下的有限样本条件协整检验表现的模拟实验四、实验五和实验六结果分别被列于表 4-6、表 4-7 和表 4-8。从这三个表不难发现，检验统计量 TXL_1^* 在情形二下的表现与在情形一下的表现非常类似，即检验水平扭曲均非常小且其统计分布受冗余参数 β' 和 δ 的影响较小；但统计量 TXL_1^* 的检验势，同样受样本容量大小的影响比较大，如当小样本 $T=100$ 时，在冗余参数 β' 和 δ 的各类取值条件下及不同名义显著水平下的检验势均比较低，最大也不超过 60%。可喜的是，发现当样本容量逐步增大，其检验势在这种情形下也能急剧提升。当样本容量达到 $T=1000$ 时，大多数条件下的检验势均在 70%以上，最高达到 84.88%。另外，同样发现在名义显著水平 10%条件下，检验统计量 TXL_1^* 在情形二下仍能保持检验水平扭曲最低的同时，能大幅度地提高其检验势。综合这个特性，出于谨慎，笔者建议读者在使用统计量 TXL_1^* 做协整检验时，不管

表 4-3 统计量 TXL_1^* 在情形一下有限样本的协整检验水平与检验势（$m-1=1$）

随机误差自回归系数（ρ）	样本容量（T）	$(\beta_0, \beta_2)=(0, 1)$			$(\beta_0, \beta_2)=(0, 4)$			$(\beta_0, \beta_2)=(1, 1)$			$(\beta_0, \beta_2)=(1, 4)$		
		1%	5%	10%	1%	5%	10%	1%	5%	10%	1%	5%	10%
1.00	100	0.0112	0.0518	0.0989	0.0111	0.0534	0.0993	0.0117	0.0538	0.1028	0.0102	0.0511	0.1012
	200	0.0100	0.0560	0.1084	0.0121	0.0534	0.1026	0.010	0.052	0.1024	0.0091	0.0522	0.1018
	500	0.0113	0.0507	0.1024	0.1020	0.0478	0.0974	0.097	0.0487	0.0987	0.0101	0.0509	0.1031
	1000	0.0101	0.0492	0.0996	0.0110	0.0505	0.1007	0.0095	0.0491	0.0982	0.0085	0.0487	0.0999
0.98	100	0.0398	0.1371	0.2194	0.0435	0.1400	0.2189	0.0414	0.1367	0.2145	0.0425	0.1346	0.2158
	200	0.0919	0.2272	0.32115	0.0916	0.2276	0.3225	0.0910	0.2264	0.3201	0.0896	0.2253	0.3203
	500	0.2496	0.4064	0.5021	0.2455	0.4045	0.4413	0.2477	0.4064	0.4985	0.2455	0.4071	0.4995
	1000	0.3969	0.5457	0.6251	0.3973	0.5456	0.6261	0.3942	0.5445	0.6180	0.3981	0.5459	0.6226
0.90	100	0.3169	0.4846	0.5677	0.3159	0.4836	0.5658	0.3162	0.4829	0.5658	0.3099	0.4781	0.5607
	200	0.4731	0.6104	0.6758	0.4704	0.6152	0.6806	0.4720	0.6142	0.6797	0.4664	0.6102	0.6770
	500	0.6500	0.7436	0.7903	0.6462	0.7452	0.7950	0.6435	0.7428	0.7889	0.6444	0.7417	0.7887
	1000	0.7494	0.8236	0.8584	0.7471	0.8193	0.8517	0.7424	0.8133	0.8482	0.7448	0.8143	0.8473

表 4-4 统计量 TXL_1^* 在情形一下有限样本的协整检验水平与检验势（$m-1=2$）

随机误差自回归系数（ρ）	样本容量（T）	（β_0，β_2，β_3）=（0，1，2）			（β_0，β_2，β_3）=（0，1，4）			（β_0，β_2，β_3）=（1，2，2）			（β_0，β_2，β_3）=（1，2，4）		
		1%	5%	10%	1%	5%	10%	1%	5%	10%	1%	5%	10%
1.00	100	0.0100	0.0525	0.1056	0.0111	0.0525	0.1040	0.0113	0.0531	0.1041	0.0101	0.0513	0.1014
	200	0.0122	0.0516	0.1044	0.0154	0.0532	0.1034	0.0134	0.0500	0.0998	0.0127	0.0503	0.1000
	500	0.0115	0.0486	0.1042	0.0124	0.0463	0.0994	0.0115	0.0474	0.0991	0.0112	0.0503	0.1045
	1000	0.0106	0.0506	0.1038	0.0119	0.0509	0.1036	0.0097	0.0485	0.1011	0.0110	0.0482	0.0993
0.98	100	0.0296	0.1107	0.1866	0.0311	0.1118	0.1881	0.0313	0.1109	0.1856	0.0330	0.1124	0.1848
	200	0.0768	0.1806	0.2727	0.0762	0.1799	0.2715	0.0762	0.1789	0.2689	0.0747	0.1768	0.2710
	500	0.1956	0.3447	0.4436	0.1945	0.3374	0.4413	0.1951	0.3413	0.4423	0.1924	0.3422	0.4446
	1000	0.3391	0.4865	0.5740	0.3366	0.4878	0.5738	0.3321	0.4877	0.5697	0.3409	0.4887	0.5711
0.90	100	0.2629	0.4233	0.5139	0.2565	0.4242	0.5155	0.2590	0.4232	0.5135	0.2533	0.4196	0.5089
	200	0.4331	0.5589	0.6317	0.4307	0.5620	0.6376	0.4343	0.5609	0.6357	0.4287	0.5567	0.6312
	500	0.6060	0.7052	0.7597	0.6022	0.7027	0.7312	0.5977	0.7011	0.7576	0.5993	0.7024	0.7573
	1000	0.7144	0.7942	0.8347	0.7139	0.7895	0.8298	0.7081	0.7868	0.8252	0.7080	0.7879	0.8240

表 4-5　统计量 TXL_1^* 在情形一下有限样本的协整检验水平与检验势（$m-1=3$）

随机误差自回归系数（ρ）	样本容量（T）	（β_0，β_2，β_3，β_4）=（0，1，2，4）			（β_0，β_2，β_3，β_4）=（0，1，4，8）			（β_0，β_2，β_3，β_4）=（1，2，2，4）			（β_0，β_2，β_3，β_4）=（1，2，4，8）		
		1%	5%	10%	1%	5%	10%	1%	5%	10%	1%	5%	10%
1.00	100	0.0104	0.0512	0.1051	0.0108	0.0536	0.1047	0.0119	0.0511	0.1063	0.0098	0.0501	0.1051
	200	0.0100	0.0464	0.1002	0.0145	0.0527	0.1046	0.0116	0.0481	0.0997	0.0113	0.0503	0.1006
	500	0.0115	0.0505	0.0993	0.0110	0.0483	0.0966	0.0115	.05260	0.1010	0.0107	0.0485	0.0971
	1000	0.0106	0.0517	0.0974	0.0113	0.0514	0.0969	0.0099	0.0496	0.0965	0.0104	0.0506	0.0952
0.98	100	0.0254	0.0935	0.1700	0.0255	0.0950	0.1699	0.0250	0.0950	0.1698	0.0253	0.0953	0.1704
	200	0.0541	0.1483	0.2343	0.0530	0.1495	0.2361	0.0510	0.1463	0.2321	0.0535	0.1450	0.2354
	500	0.1588	0.2978	0.3606	0.1595	0.2912	0.3854	0.1583	0.2978	0.3902	0.1556	0.2952	0.3929
	1000	0.2913	0.4422	0.5227	0.2901	0.4436	0.5234	0.2839	0.4397	0.5200	0.2971	0.4427	0.5213
0.90	100	0.2184	0.3753	0.4745	0.2132	0.3745	0.4766	0.2149	0.3764	0.4730	0.2117	0.3714	0.4692
	200	0.3745	0.5147	0.5954	0.3682	0.5126	0.5982	0.3756	0.5143	0.5958	0.3680	0.5093	0.5943
	500	0.5670	0.6729	0.7289	0.5667	0.6713	0.7310	0.5622	0.6688	0.7250	0.5611	0.6678	0.7257
	1000	0.6823	0.7696	0.8088	0.6844	0.7675	0.8048	0.6787	0.7631	0.7993	0.6777	0.7645	0.8014

表 4-6 统计量 TXL_1^* 在情形二下有限样本的协整检验水平与检验势（$m-1=1$）

随机误差自回归系数（ρ）	样本容量（T）	$\delta=1$						$\delta=2$					
		$(\beta_0, \beta_2)=(0, 1)$			$(\beta_0, \beta_2)=(1, 4)$			$(\beta_0, \beta_2)=(0, 1)$			$(\beta_0, \beta_2)=(1, 4)$		
		1%	5%	10%	1%	5%	10%	1%	5%	10%	1%	5%	10%
1.00	100	0.0095	0.0479	0.0992	0.0096	0.0479	0.0972	0.0076	0.047	0.0989	0.0088	0.0464	0.1003
	200	0.0096	0.0493	0.1031	0.0090	0.0480	0.0985	0.0086	0.0501	0.1019	0.0092	0.0485	0.0994
	500	0.0096	0.0489	0.0993	0.0087	0.0493	0.1025	0.0088	0.0498	0.0100	0.0096	0.0491	0.0978
	1000	0.0102	0.0496	0.1012	0.0091	0.0507	0.1027	0.0099	0.0531	01044	0.0111	0.0510	0.1022
0.98	100	0.0122	0.0683	0.1378	0.0139	0.0702	0.1354	0.0122	0.0670	0.1353	0.0105	0.0839	0.1312
	200	0.0541	0.1728	0.2739	0.0583	0.1773	0.2761	0.0231	0.1303	0.2392	0.0241	0.1288	0.2425
	500	0.2079	0.3770	0.4731	0.2077	0.3784	0.4729	0.1894	0.3668	0.4715	0.1868	0.3700	0.4746
	1000	0.3843	0.5346	0.6181	0.3858	0.5346	0.6149	0.3820	0.5311	0.6113	0.3802	0.5360	0.6148
0.90	100	0.2807	0.4449	0.5395	0.4465	0.5908	0.6685	0.2604	0.4255	0.5258	0.1479	0.3091	0.4179
	200	0.4488	0.5943	0.6669	0.2851	0.4484	0.5403	0.4319	0.5850	0.6615	0.4324	0.5851	0.66125
	500	0.6274	0.7358	0.7835	0.6258	0.7342	0.7834	0.6189	0.7251	0.7770	0.6228	0.7274	0.7769
	1000	0.7434	0.8172	0.8508	0.7388	0.8132	0.8469	0.7342	0.8084	0.8442	0.7399	0.8133	0.8488

表 4-7　统计量 TXL_1^* 在情形二下有限样本的协整检验水平与检验势（$m-1=2$）

随机误差自回归系数（ρ）	样本容量（T）	$\delta=1$						$\delta=2$					
		$(\beta_0, \beta_2, \beta_3)=(0, 1, 2)$			$(\beta_0, \beta_2, \beta_3)=(1, 2, 4)$			$(\beta_0, \beta_2, \beta_3)=(0, 1, 2)$			$(\beta_0, \beta_2, \beta_3)=(1, 2, 4)$		
		1%	5%	10%	1%	5%	10%	1%	5%	10%	1%	5%	10%
1.00	100	0.0092	0.0473	0.0992	0.0091	0.0480	0.0995	0.0088	0.0459	0.0968	0.0089	0.0438	0.0964
	200	0.0096	0.0525	0.1026	0.0093	0.0506	0.0980	0.0076	0.0492	0.1018	0.0088	0.0520	0.1004
	500	0.0098	0.0563	0.0941	0.0097	0.0503	0.1034	0.0091	0.0503	0.1014	0.0096	0.0051	0.1008
	1000	0.0099	0.0498	0.1011	0.0092	0.0510	0.1016	0.0105	0.0526	0.1064	0.0104	0.0484	0.0997
0.98	100	0.0106	0.0623	0.1237	0.0130	0.0608	0.1236	0.0115	0.0660	0.1240	0.0101	0.0815	0.1138
	200	0.0398	0.1454	0.2324	0.0428	0.1491	0.2337	0.0174	0.1060	0.1962	0.0169	0.1065	0.1955
	500	0.1666	0.3230	0.4244	0.1657	0.3243	0.4210	0.1451	0.3706	0.4116	0.1458	0.3115	0.4178
	1000	0.3296	0.4840	0.5676	0.3300	0.4812	0.5680	0.3220	0.784	0.5637	0.3236	0.4822	0.5676
0.90	100	0.2308	0.3849	0.4862	0.2363	0.3935	0.4886	0.2077	0.3703	0.4715	0.1097	0.2516	0.3616
	200	0.3970	0.5545	0.6269	0.3942	0.5514	0.6255	0.3784	0.5437	0.6186	0.3784	0.5406	0.6179
	500	0.5896	0.6996	0.7552	0.5870	0.6999	0.7551	0.5821	0.6924	0.7450	0.5843	0.6934	0.7490
	1000	0.7111	0.7920	0.8309	0.7041	0.7875	0.8262	0.7020	0.7837	0.8230	0.70520	0.78795	0.82680

表 4-8　统计量 TXL_1^* 在情形二下有限样本的协整检验水平与检验势（$m-1=3$）

随机误差自回归系数（ρ）	样本容量（T）	$\delta=1$						$\delta=2$					
		$(\beta_0, \beta_2, \beta_3, \beta_4)=(0, 1, 2, 4)$			$(\beta_0, \beta_2, \beta_3, \beta_4)=(1, 2, 4, 8)$			$(\beta_0, \beta_2, \beta_3, \beta_4)=(0, 1, 2, 4)$			$(\beta_0, \beta_2, \beta_3, \beta_4)=(1, 2, 4, 8)$		
		1%	5%	10%	1%	5%	10%	1%	5%	10%	1%	5%	10%
1.00	100	0.0099	0.0481	0.0982	0.0098	0.0482	0.0995	0.0090	0.0458	0.0958	0.0093	0.0460	0.0971
	200	0.0090	0.0520	0.1017	0.0086	0.0498	0.0992	0.0082	0.0458	0.0979	0.0095	0.0486	0.0987
	500	0.0086	0.0531	0.0994	0.0093	0.0503	0.1020	0.0098	0.0504	0.1012	0.0101	0.0505	0.1007
	1000	0.0107	0.0507	0.1001	0.0089	0.0496	0.1007	0.0101	0.0527	0.1015	0.0104	0.0480	0.0964
0.98	100	0.0106	0.0567	0.1181	0.0110	0.0578	0.1200	0.0103	0.0573	0.1154	0.0098	0.0787	0.1036
	200	0.0311	0.1183	0.2003	0.0333	0.1222	0.2021	0.0133	0.0824	0.1617	0.0138	0.0856	0.1630
	500	0.1353	0.2833	0.3803	0.1339	0.2818	0.3806	0.1106	0.2652	0.3673	0.1099	0.2635	0.3698
	1000	0.2886	0.4376	0.5213	0.2881	0.4359	0.5218	0.2806	0.4330	0.5166	0.2817	0.4311	0.5214
0.90	100	0.1918	0.3449	0.4463	0.1962	0.3506	0.4509	0.1702	0.3266	0.4256	0.0829	0.2156	0.3197
	200	0.3522	0.5093	0.5877	0.3450	0.5056	0.5858	0.3333	0.4933	0.5770	0.3318	0.4936	0.5764
	500	0.5520	0.6693	0.7302	0.5467	0.6694	0.7280	0.5443	0.6622	0.7204	0.5452	0.6644	0.7236
	1000	0.6846	0.7669	0.8088	0.6782	0.7622	0.8043	0.6755	0.7588	0.7999	0.6775	0.7642	0.8048

是针对情形一还是情形二均尽可能都以名义显著水平 10%进行检验。

4.5 案例研究：我国黄金市场与国际市场的联动性

自改革开放以来，我国社会、经济与综合国力取得了举世瞩目的发展；同时随着开放力度的进一步加强，我国在国际的地位越来越高，而黄金又是体现一个国家的金融竞争力指标，我国黄金与国际交易量越来越大，怎样规避黄金价格的风险，提高预测黄金价格的准确率，是首要任务。由此可见，探索我国黄金市场与国际市场的联动性很有必要。

Antonino Parisi、Franco Parisi 和 David（2007）使用滚动神经网络模型对黄金价格的波动预测趋势进行了深入研究。贾尚晖和兰盈（2015）采用定性分析与用 Lasso 回归的定量实证相结合的方法，探索我国宏观经济数据对伦敦交易所现货黄金价格收益率的影响。刘杰（2016）通过对国际黄金市场分类、国际黄金价格影响因素、黄金供需关系和黄金生产成本等进行研究，并结合我国黄金市场的现状以及存在的问题，提出了完善我国黄金市场的措施。

4.5.1 变量说明、数据来源与预处理

以上海 Au99.95 黄金现货收盘价作为国内黄金价格的代表，选取伦敦标准黄金现货每日下午定盘价作为国际黄金价格的代表，以两个市场价格的波动代表市场表现。

在数据的具体筛选方面，截取从 2010 年 1 月 3 日至 2016 年 12 月 31 日。在预处理方面，先利用 X12 季节调整法对来自两个市场的原始数据进行季节调整，得到季节调整后序列。另外，考虑到我国与英国的节假日不太一致，市场开放时间有所不同，为保持数据配对，剔除一些在时间上不配对数据，筛选出匹配数据，序列长度为 1578。另外，由于我国上海黄金交易所的黄金报价为人民币元/克，而伦敦黄金市场的黄金报价为美元/盎司，为了使计量单位统一起来，将人民币报价的黄金报价全部折算成美元/盎司的报价①，两国间的汇率采用我们国家外汇管理局网站公布的数

① 金衡盎司，有 1 金衡盎司 = 31.1035 克的数量关系。

据。然后以 $\{y_{LD,\ t}\}$ 表示预处理后的伦敦黄金价序列，用 $\{y_{Sh,t}\}$ 表示预处理后的上海黄金价序列，并根据一般金融时间序列的变换方法，对序列 $\{y_{Sh,\ t}\}$ 和 $\{y_{LD,\ t}\}$ 进行对数变换①，并将变换后的对数时间序列分别记为 $\{l_{Sh,\ t}\}$ 和 $\{l_{LD,\ t}\}$ ，而它们对数差分序列分别记为 $\{dl_{Sh,\ t}\}$ 和 $\{dl_{LD,\ t}\}$ 。数据来源于上海黄金交易所、国际黄金协会和 Wind 数据库。

4.5.2 实证结果

（1）序列单整阶数的确定。为了确认分析序列 $\{l_{Sh,\ t}\}$ 和 $\{l_{LD,\ t}\}$ 是否满足同阶单整的非平稳性，利用第 3 章提出的检验统计量 TXL_1 和本章构造的检验统计量 TXL_1^* 对序列 $\{l_{Sh,\ t}\}$ 、$\{l_{LD,\ t}\}$ 、$\{dl_{Sh,\ t}\}$ 和 $\{dl_{LD,\ t}\}$ 同时进行单位根检验，并将它的结果与传统 ADF 检验②的结果进行比较。

从表 4-9 中的检验结果可知，差分前三个检验统计量均大于其相应的显著水平 10%临界值，表明对数黄金价格序列 $\{l_{Sh,\ t}\}$ 和 $\{l_{LD,\ t}\}$ 都为单位根过程，而差分后的检验结果恰好相反，三个统计量序列都比其临界值小，表明 $\{dl_{Sh,\ t}\}$ 和 $\{dl_{LD,\ t}\}$ 均为平稳序列。综合两类检验结果就可进一步证实序列 $\{l_{Sh,\ t}\}$ 和 $\{l_{LD,\ t}\}$ 均可被视为 $I(1)$ 过程。此外，通过与经典 ADF 检验的比较，发现本书提出的两个检验统计量给出的结果与其一致，可作为检验统计量 TXL_1 和 TXL_1^* 有效性一个佐证。

表 4-9 黄金价格序列的平稳性检验

序列名	检验统计量						结果
	$(\hat{\rho}-1)/\hat{\sigma}_p$ (ADF)		TXL_1		TXL_1^*		
	样本值	10%临界值	样本值	10%临界值	样本值	10%临界值	
$l_{Sh,\ t}$	-0.4289	-2.5723	2.347	0.4957	6.8563	1.0140	不平稳
$l_{LD,\ t}$	-0.6152		2.1353		5.5613		不平稳
$dl_{Sh,\ t}$	-29.4317		0.0921		0.2821		平稳
$dl_{LD,\ t}$	-30.5361		0.0821		0.2544		平稳

① 对数变换可在一定程度上消除序列的异方差性。

② ADF 检验时，对所有的序列全部采用带截距但含时间趋势项的自回归估计模型。

（2）协整检验。从平稳性检验结果已知，对数黄金价格序列 $\{l_{Sh,t}\}$ 和 $\{l_{LD,t}\}$ 均为 $I(1)$ 过程，即呈现 1 阶单整非平稳性，同时用常规 t 检验法对两个差分序列 $\{dl_{Sh,t}\}$ 和 $\{dl_{LD,t}\}$ 进行了显著性检验，发现它们与常数 0 间无显著性差异，由此可认为符合前文所述的协整检验中的情形二。下面试图在 EG 两步法的框架下利用前文提出的检验策略，检验上海 Au99.95 黄金价格与伦敦标准黄金价格间是否存在长期均衡关系，进而从侧面反映我国黄金市场和国际市场是否存在联动性。

首先对回归模型 $l_{SH,t}=\beta_0+\beta_2 l_{LD,t}+\varepsilon_t$ 进行 OLS 估计，取得残差序列 $\{\hat{\varepsilon}_t\}$；其次采用 Haar 小波滤波器对随机误差序列 $\{\hat{\varepsilon}_t\}$ 进行单位尺度的离散小波变换；最后依次根据式（3-20）、式（3-21）、式（3-22）和计算出检验统计量 TXL_1^* 的值。计算结果显示此时 $TXL_1^*=0.12842166$。因为实证分析中两个序列的样本容量为 1578，且潜在协整模型中只有一个解释变量，所以选择表 4-2 中的“情形一”“$m-1=1$”和显著水平为 0.1 下的临界值 0.25125545 为判断依据。

由 $0.12842166<0.25125545$ 可知，原假设（不存在协整）被拒绝，也就表明我国上海 Au99.95 黄金价格与英国伦敦标准黄金价格间存在长期均衡关系与本书的结果相似，刘军、麦勇和陆蓓蓉（2010）利用沪金指数（SHFE）和美黄金连（NYMEX）的数据研究国际黄金期货交易时，同样发现上海黄金期货与纽约黄金期货的价格波动之间存在联动效应。至于我国黄金市场与国际市场间是否存在短期调整修正可用误差修正模型（ECM）对以上两个序列 $\{l_{Sh,t}\}$ 和 $\{l_{LD,t}\}$ 进行更加深入的分析，当然这不是本书的主要研究内容。

4.5.3 实证结论与政策建议

以上经验证据表明，我国上海黄金市场与英国伦敦黄金市场间存在长期均衡关系，我国黄金市场表现出与国际市场间存在显著的同向变动趋势。然而，国内黄金市场和国际黄金市场规模还存在很大的差距，我国的黄金市场交易量可以日益增大，以便能很好地融入国际黄金市场。另外，尽快真正实现从商品交易向个人金融产品交易的转变。从目前国际黄金市场的现状来看，国际上黄金货币化功能的总体趋势在削减，但从一直以来活跃的黄金投资似乎可表明，除作为一般商品外，黄金仍兼有货币功能的性质，仍然是金融投资商品之一。综观中国黄金市场发展以来，虽然黄金在很大程度上满足了国内投资者及应用黄金企业的需求，但作为投资保值的金融理财产品的特性仍没有得到充分展现，特别是黄金交易还存在一些政策法规上的限制。因此，目前中国黄金市场的发展应该充分考虑拓展个人投资黄金业务，使黄金交易从普通商品交易属性向个人金融型产品的交易属性转化。

4.6　本章小节

在 Engle 和 Granger（1987）的 EG 两步法框架下，协整检验与单位根存在密切的联系。因此，本章在第 3 章的基础上，研究了小波域协整检验的技术。通过本章 4.3.1 部分的深入分析发现，不管多维时间序列 $\{y_t\}$ 在情形一 $E(\Delta y_t)=0$ 还是在情形二 $E(\Delta y_t)\neq 0$ 下，若要在小波域内检验各分量间的协整关系，那么对出自潜在协整模型残差的平稳性检验，选择不含常数数项的自回模型具有必然性，同时在充分讨论了潜在协整模型的具体形式及其合理性。为此，为了达到本书的研究目标，即在小波域提出协整检验的技术，以完善和补充现有协整检验的技术体系，本章进一步开发了一个不带漂移项的单位根的检验方法，构成了另一个检验统计量 TXL_1^*，并在假定协整向量已知的条件下推导其大样本性质，理论证明发现，检验统计量 TXL_1^* 在原假设和备择假设下的收敛性质存在极大的差异，这一差异为其应用于协整检验时的检验功效提供了保障。

不足的是，对于协整向量未知或残差序列仅来自某一估计时，未对检验统计量 TXL_1^* 此时的大样本性质进行理论证明，这也是本书后续的一项重要工作。当然，这并不影响检验统计量 TXL_1^* 在实际协整检验中的应用，因为本章按照 Dickey 和 Fuller（1979）、Phillips 和 Perron（1988）等的通行策略，采用大量的 Monte Carlo 模拟给出了统计量 TXL_1^* 用于伪回归协整检验的临界值。

为了展现和验证统计量 TXL_1^* 在协整检验的具体表现，分别设计了 6 个随机实验用于考察其实际检验水平和检验势。模拟研究的结果显示，其检验水平扭曲均非常小，表明检验统计量 TXL_1^* 的统计分布不受冗余参数 β' 的影响；而统计量 TXL_1^* 的检验势受样本容量影响比较大，在小样本 $T=100$ 的条件下检验势均比较低，但是随着样本容量的逐步增大，当样本容

量达到 $T=1000$ 时，所有条件下的检验势均在 70%以上。另外在名义显著水平 10%条件下，检验统计量 TXL_1^* 在保持检验水平扭曲水平最低的同时，能大幅度地提高其检验势。鉴于此，在应用统计量 TXL_1^* 识别协整关系时，强烈建议采用名义显著水平 10%，以便能在犯“拒真”和“纳伪”两类错误的概率间做出较好的权衡。在本章的最后部分，通过一个实际案例的研究，并在与经典 ADF 检验的比较中，证实了本书提出的小波域协整检验方法的有效性，同时从经验上证明了我国上海黄金市场与英国伦敦黄金市场间存在长期均衡关系，并为我国黄金市场未来的发展提供了一些政策建议。

第5章
小波域马尔可夫模型及应用①

5.1 背景与动机

任何决策行为都是在一定的时间空间条件下做出的，股票投资决策自然也不例外。在投资实践中，时间尺度特征已成为区别不同证券投资者的重要标识。在不同时间尺度下的投资者各有其投资目标和投资策略，由此异质的决策行为得以产生，股票市场最终在众多异质投资者的合力作用下形成错综复杂的股市行情。短线投资者可能会时刻关注股市行情的变化，不断评估自己持有的标的物价格、交易量等指标当前所处的位置，进而相对频繁地执行交易操作；而长线投资者则会以更开放、稳定的心态去了解股市波动，而不会像短期投资者那样高频率地注视股市起伏。所以，即便是相当于股价 0.5%的短期突变，也很可能引起短线投资者的高度关注，但这类变化不太可能引起大投资者或其他长线投资者的同等重视，因为他们通常关注的是标的物价格的持续变化或市场的系统性变化。

严格地说，生活中对短线投资与长线投资的划分是比较笼统的。至于何为长线，何为短线，并无数量上的明确界定。尽管如此，并不可否认股市中线、长线、短线交易机制的存在，而且不同投资者的投资策略与交易机制均与某一潜在的时间尺度紧密相关。从时间尺度的角度来分析，交易机制的最外层主要是执行长时间尺度交易的大股东，交易机制的内层主要

① 本章的主要内容已发表在学术杂志《统计研究》2015 年第 32 卷第 8 期。

是执行更短时间尺度交易的中、小股民。有理由认为，同一时间尺度下的投资者交易行为应该具有趋同现象，而不同时间尺度的交易行为通常具有更明显的异质性。那么，在异质股市中就容易产生这样一个现象：产生于一个高频上（小尺度）的股价波动冲击由于其持续的时间十分短暂，难以进一步对其外层即更大尺度上的股价产生影响，而一个低频上（大尺度）[①]的股价波动，在信息传导的作用下，往往可沿着各时间尺度，由外至内逐级渗透。这也就是股市中广为流传的具有信息级联的“跟庄”现象。

Bachelier 率先将股票价格波动刻画为一个布朗运动，认为股票的收益率为一随机变量，并遵从高斯分布。然而，后来许多的实证研究显示股票收益率分布具有“高峰”“胖尾”等典型特征，这些特征暗示着现实中股票价格的暴涨、暴跌的可能性要远高于高斯分布所描述的情形。因此，为了使理论模型更加贴近现实情况，有大量学者改进或重建了各类模型来逼近股价波动的统计规律。不容置疑，这方面研究工作已有很大的进展，然而因问题本身的复杂性，学术界并未形成广泛认可的股市波动模型。

Dacorogna 等（2001）设计了两个波动测度，即“粗”波动 v_c 和“细”波动 v_f，如图 5-1 所示。利用这两个测度分别描述长线投资者和短线投资者的交易行为，并在此基础上建立模型用于探索不同时间尺度的波动行为及其相互间的关联。Müller 等（1997）将这种方法应用到不同国家金融交易数据中，结果显示“粗”波动 v_c 对“细”波动 v_f 有很好的预测作用，而“细”波动 v_f 无助于预测“粗”波动 v_c。随后，Zumbach（2007）和 Borland（2008）的研究也验证了这一情况。Gencay 等（2010）从时域和频域两个角度，研究了国际外汇交易市场波动信息在不同时间尺度上流动规律结果发现，市场波动具有非对称垂直相依特点。我国学者何建敏等（2003）研究了股票价格波动概率密度的尺度效应，他们的研究结果也暗示了股票市场中存在前文所述的“跟庄”现象的信息流动机制。总之，大量研究均隐约地暗示，不同时间尺度的波动传导非对称结构存在于股票市场中[②]。而本书重点关注不同尺度波动信息流动的非称性，实际上也能从另一侧面反映了不同交易者行为相互影响的一种潜在机制。

---

① 频率角度的低频意味着时间尺度中的长时间尺度，小波尺度中的大尺度；反之，高频与短时间尺度、小波尺度中小尺度相对应，请读者注意文章中行文的一致性。

② 在金融市场中发现类似非对称性的还有 Calvet 和 Fisher（2002）、Ghysels 等（2006）和 Weber（2007）等。

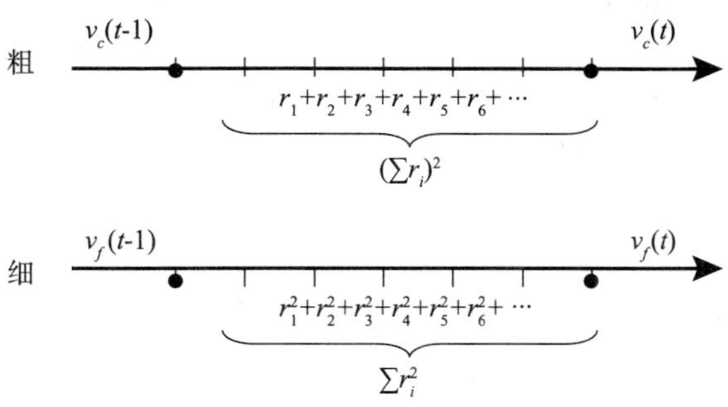

图 5-1 “粗”波动 v_c 和“细”波动 v_f 定义

因此，本书首先假设高尺度股价波动会影响低尺度的股价变化，而低尺度波动不会影响高尺度的股价波动。在此基础上，将股价波动细化为两种状态，即高波动状态和低波动状态，进而建立两种波动状态间的数量模型用于描述它们之间的关系。然而，对研究者而言，必须面临以下现实困境，就是不同时间尺度投资者的各自交易数据难以被同时获得，股价或市场股指的原始数据是研究人员唯一可被全面利用的。小波技术在近些年得到了迅猛发展，尤其是应用领域，其所具备的时域和频域两重性已在时间序列分析中受到极大的重视。其次，针对以上的分析与认知，同时根据小波分析所具有的多分辨能力，利用小波分析将股票市场波动序列进行多尺度分解。根据小波分解的基本原理，在技术上可将小波系数理解为时间序列的加权平均差分。因此，小波系数实质上测度了在不同时间尺度和不同时间点位上股票市场波动的变化。最后，应用小波域隐马尔可夫模型，建立不同时间尺度小波系数间的数量联系，从信息流动的角度考察不同长短期投资者交易行为间的关系。

本章内容安排如下：5.2 节中介绍小波域马尔可夫模型构件块之一的马尔可夫链，同时给出一些与后文有关的定义与标记符号，另外对马尔可夫链的平稳分布、可逆性和自相关函数做了简约的介绍与分析；5.3 节在 5.2 节的基础上，引入隐马尔可夫模型，增加一些与隐马尔可夫模型有联系的定义、标记符号和边际分布；在 5.4 节重点介绍小波域隐马尔可夫模型，包括小波域隐马尔可夫模型的三种类型以及三种类型之一的小波域隐马尔可夫树模型；5.5 节是本章的重点。在 5.1 节分析小波域隐马尔可夫模型分析股市波动逻辑思想和合理性的基础上，本节具体探讨如何将小波域隐马尔可夫模型应用到我国股市波动传导规律研究中，其中包括金融时间序列的小波系数统计特性分析、状态小波域隐马尔可夫模型的具体构建和参数估计，然后就是实证结果与分析，在本节的最后给出了实证结论和政策意义。

5.2 马尔可夫链

5.2.1 定义与标记

若离散随机变量序列 $\{C_t,\ t\in N^+\}$ ①满足马尔可夫性，即式（5-1），则称其为一条马尔可夫链。即时点 $t+1$ 的概率分布只和时点 t 的取值有关，而与 t 时刻之前的取值无关。马尔可夫链所有时点上的所有可能取值的集合，被称为“状态空间”。马尔可夫性可以被看作独立性的“一阶放松”。随机变量序列 $\{C_t\}$ 以一种特定方式产生相依性，链上的过去和未来间只有通过当前才能产生相依，一旦当前值给定时，过去和未来间也就独立了。与马尔可夫链相联系的重要特点是式（5-2）以下被称为转移概率的条件概率：

$$P(C_{t+1}/C_t,\ \cdots,\ C_1)=P(C_{t+1}/C_t) \tag{5-1}$$

$$P(C_{s+t}=j/C_s=i) \tag{5-2}$$

如果这些条件概率只依赖于时间间隔 t，而与时间起点 s 无关，则称这样的马尔可夫链为齐性的，否则就称为非齐性的。在本书中若无特别声明，将假定所有涉及的马尔可夫链均具齐性。如此，可将式（5-3）的转移概率简练地记为进而定义 $\Gamma(t)$ 为元素 $\gamma_{ij}(t)$ 构成的转移概率矩阵。所有有限状态空间的马尔可夫链均满足 Chapman-Kolmogorov 方程（5-4）。

$$\gamma_{ij}(t)=P(C_{s+t}=j/C_s=i) \tag{5-3}$$

$$\Gamma(t+u)=\Gamma(t)\Gamma(u) \tag{5-4}$$

Chapman-Kolmogorov 方程暗示对于所有的 $t\in N^+$，均有式（5-5）。也就是说，t 步转移概率矩阵 $\Gamma(t)$ 等于 1 步转移概率矩阵 $\Gamma(1)$ 的 t 次幂。

① N^+ 表示正整数集合。

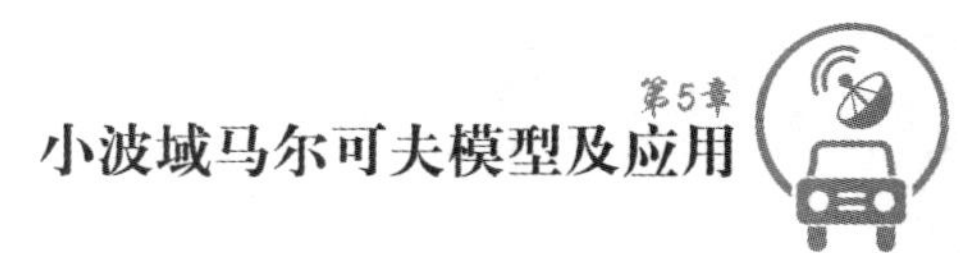

$\Gamma(1)$ 通常被简化成 Γ：

$$\Gamma(t) = \Gamma(1)^t \tag{5-5}$$

$$\Gamma = \begin{pmatrix} \gamma_{11} & \cdots & \gamma_{1m} \\ \vdots & \ddots & \vdots \\ \gamma_{m1} & \cdots & \gamma_{mm} \end{pmatrix}$$

其中，m 表示状态数，γ_{kh} 表示第 k 状态经 1 步转移至第 h 状态的概率。同时 Γ 的行元素之和等于 1，即 $\Gamma 1 = 1$ ①。马尔可夫链在给定时点 t 处于特定状态 j 的无条件概率 $P(C_t = j)$ 在实际应用同样重要，记 $u(t) = (P(C_t = 1), P(C_t = 2), \cdots, P(C_t = m))$；自然地，$u(1)$指的是马尔可夫链的初始分布。若要从时点 t 的分布推导出时点 $t+1$ 的分布，只乘以 1 步转移概率矩阵，即有式（5-6）：

$$u(t+1) = u(t)\Gamma \tag{5-6}$$

5.2.2 平稳分布与可逆性

如果一个马尔可夫链的 1 步转移概率矩阵满足 $\delta\Gamma = \delta$ 和 $\delta 1 = 1$，其中 δ 为非负元素构成的行向量，则称此马尔可夫链具有平稳分布 δ。第一个条件表明平稳性，第二个条件说明 δ 确实为概率分布。既然 $u(t+1) = u(t)\Gamma$，那么一个从平稳分布开始的马尔可夫链，其将在此后所有的时点上延续此平稳分布，由此人们将具有平稳分布的马尔可夫链称为平稳马尔可夫链。有必要解释的是，平稳性假设比之前提到的齐性更强，齐性在一般情况下不一定能推出平稳性。任何一个不可约②但不一定非周期的马尔可夫链已被证明具有唯一严格正的平稳分布（Grimmett and Stirzaker, 2001）。下面给出一个能方便地被用于计算马尔可夫链的平稳分布更一般的结论：当且仅当式（5-7）成立时，非元素组成的行向量 δ 就是具有 1 步转移概率矩阵 Γ 的平稳分布，其中 U 为元素全为 1 构成的 $m \times m$ 方阵。

$$\delta(I_m - \Gamma + U) = 1' \tag{5-7}$$

① 1 为维数等于 m，且元素全为 1 的列向量。

② 不可约，可简单地理解为齐性、离散时间和有限状态空间的同时满足。

任意一个随机过程，如果颠倒时间顺序其有限维的统计分布具有不变性，那么称其具有可逆性。对于一个具有 1 步转移概率矩阵 Γ 和平稳分布 δ 且不可约的马尔可夫链来说，其可逆性的充分必要条件为"细节平衡条件"，即对所有的状态 i 和 j，均满足式（5-8），这个条件对所有仅具两状态平稳不可约的马尔可夫链而言，始终满足，因此其可逆①。

$$\delta_i\gamma_{ij}=\delta_j\gamma_{ji} \tag{5-8}$$

5.2.3 自相关函数

平稳不可约的马尔可夫链 $\{S_t\}$ 在状态空间 $\{1, 2, \cdots, M\}$ 上的自相关函数（ACF）可按下列步骤取得：

首先，定义 $v=(1, 2, \cdots, M)$ 和 $V=diag(1, 2, \cdots, M)$，那么对所有非负整数 k 有式（5-9）。

$$Cov(C_t, C_{t+k})=\delta V\Gamma^k v'-(\delta v')^2 \tag{5-9}$$

其次，若 Γ 可被对角化且其比 1 大的特征根记为 $\lambda_2, \lambda_3, \cdots, \lambda_M$，则 Γ 能被分解为式（5-10）：

$$\Gamma=U\Omega U^{-1} \tag{5-10}$$

其中，$\Omega=diag(1, \lambda_2, \lambda_3, \cdots, \lambda_M)$ 和 U 的列为 Γ 的相应特征向量。这样，对于非负整数 k 进一步有式（5-11）。

$$\begin{aligned}Cov(S_t, S_{t+k})&=\delta VU\Omega^k U^{-1}v'-(\delta v')2\\&=a\Omega^k b'-a_1b_1\\&=\sum_{i=2}^{m}a_ib_i\omega_i^k\end{aligned} \tag{5-11}$$

其中，$a=\delta VU$ 和 $b'=U^{-1}v'$。

最后，由此有，$\mathrm{Var}(S_t)=\sum_{i=2}^{m}a_ib_i$，同时对于非负整数 k 有式(5-12)。

$$\rho(k)=\sum_{i=2}^{m}a_ib_i\omega_i^k/\sum_{i=2}^{m}a_ib_i \tag{5-12}$$

不难看出，自相关函数实际是特征根 $\lambda_2, \lambda_3, \cdots, \lambda_m$ 的 k 次幂的加权平均。另外，式（5-12）暗示对仅有两状态（$M=2$）的马尔可夫链来说，有 $\rho(k)=\rho(1)^k$，而此时的 $\rho(1)$ 为矩阵 Γ 的不等于 1 的特征根。

---

① 在后文的应用实证分析中，就是用到两状态的隐马尔可夫链。

5.3 隐马尔可夫模型

5.3.1 定义与标记

隐马尔可夫模型 $\{X_t, t \in N^+\}$（HMM）是一类特殊的混合模型。若以 $X^{(t)}$ 和 $S^{(t)}$ 代表时间 1 到时间 t 的历史信息，那么可通过式（5-13）和式（5-14）总结这类模型中最基础的情形：

$$P(S_t/S^{(t-1)}) = P(S_t/S_{t-1})(t = 2, 3, \cdots) \tag{5-13}$$

$$P(X_t/X^{(t-1)}, S^{(t)}) = P(X_t/S^{(t)})(t \in N^+) \tag{5-14}$$

这个模型包含两个部分：首先是一个不可观测且满足马尔可夫性的“参数过程” $\{S_t, t = 2, 3, \cdots\}$ 。这样当 S_t 已知时，X_t 的概率分布只依赖于当前状态 S_t ，与先前状态 $S^{(t-1)}$ 和观测值 $X^{(t-1)}$ 无关，这种相依结构如图 5-2 所示。

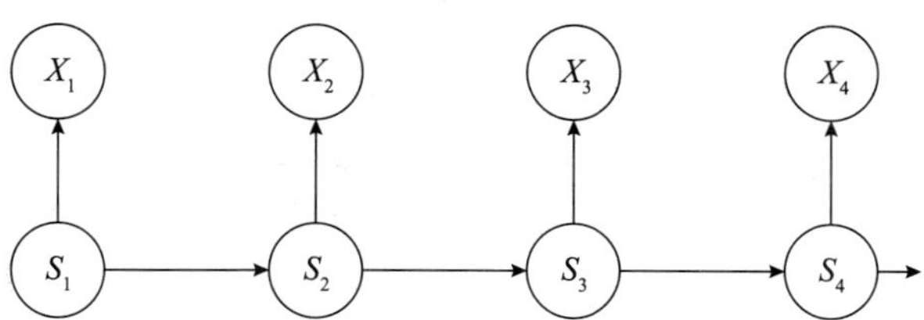

图 5-2　基础隐马尔可夫模型的有向图

如果其中的马尔可夫链 $\{S_t\}$ 有 M 个状态，那么就称 $\{X_t\}$ 为一个 M-状态的隐马尔可夫模型。下面以一个 2-状态的隐马尔可夫模型为例，展示隐马尔可夫模型的观测值的产生过程（见图 5-3）①，设马尔可夫链 $\{S_t\}$ 的平稳分布为 $\delta = (0.75, 0.25)$ ，转移概率矩阵设为 $\Gamma = \begin{pmatrix} 0.9 & 0.1 \\ 0.3 & 0.7 \end{pmatrix}$ ，另外，$p_i(x) = p(X_t = x/S_t = i)$（$i = 1, 2, \cdots, M$）为可观测变量 X_t 的条件分布（Zucchini and Macdonald，2009）。需要稍做说明的是，

① 此图摘自文献 Zucchini 和 Macdonald（2009）。

若 X_t 为离散随机变量，那么 $p_i(x)$ 自然为概率质量函数，即马尔可夫链在时刻 t 处于状态 i 的条件下，X_t 等于 x 的概率；若 X_t 为连续型随机变量，那么 $p_i(x)$ 可引申为概率密度函数，即马尔可夫链在时刻 t 处于状态 i 的条件下，X_t 的条件概率密度函数在 x 处的值；但为了节省篇幅，在此统一以离散的方式进行书写，即条件分布标记为 $p_i(x)$，而边际分布则标记为 $P(X_t = x)$，只是注意连续场景下的具体意义和变换。

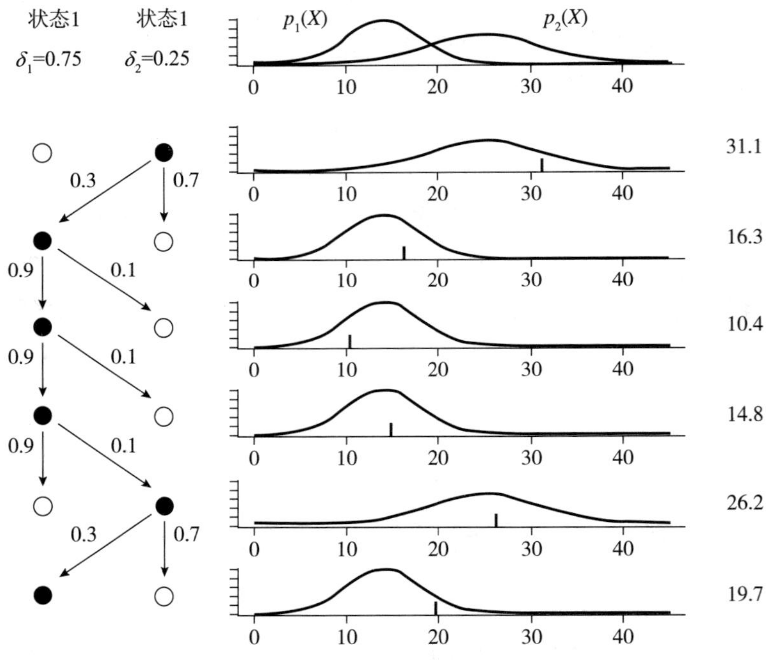

图 5-3　2-状态隐马尔可夫模型的观测值的产生过程

5.3.2　边际分布

应用中经常需要掌握 X_t 的分布及其高维（X_t，X_{t+k}）的边际分布，因此下面将给出马尔可夫链具有齐性但不必具备平稳性时的一些边际分布结果，然后再给出马尔可夫链为平稳时的一些有用的结果。虽然 X_t 可以是连续的，也可以是离散的，但出于对股市波动研究之需，本书只考虑连续的情况。

（1）单变量分布。对于可观测的随机变量 X_t 的边际分布有式（5-15）。

$$P(X_t = x) = \sum_{i=1}^{m} P(S_t = i)P(X_t = x/S_t = i)$$
$$= \sum_{i=1}^{m} u_i(t)p_i(x) \tag{5-15}$$

其中，$u_i(t) = P(S_t = i)$。能方便地用矩阵的方式重新表达式（5-16）。

$$p(X_t = x) = (u_1(t),\ u_2(t),\ \cdots,\ u_m(t))\begin{pmatrix} p_1(x) & & 0 \\ & \ddots & \\ 0 & & p_{im}(x) \end{pmatrix}\begin{pmatrix} 1 \\ \vdots \\ 1 \end{pmatrix}$$
$$= u(t)P(x)1 \tag{5-16}$$

其中，$P(x)$ 为 $p_i(x)(i = 1,\ 2,\ \cdots,\ m)$ 构成的一个对角矩阵。根据式（5-16），易知式（5-17）成立。

$$P(X_t = x) = u(1)\Gamma^{t-1}P(x)1 \tag{5-17}$$

方程（5-17）的成立仅要求马尔可夫链为齐性即可，并不要求其平稳；如若马尔可夫链具有平稳性且有平稳分布 δ 时，结果会更简单，因为此时 $\delta\Gamma^{t-1} = \delta$，进而方程可精简成式（5-18）。

$$P(X_t = x) = \delta P(x)1 \tag{5-18}$$

（2）双变量分布。有向图模型（Directed Graphical Model，DGM）能简化许多与隐马尔可夫模型相关的概率分布的计算，如一组随机变量 $V_i(i=1,\ 2,\ \cdots,\ n)$ 的联合分布能简单地写成：

$$P(V_1,\ V_2,\ \cdots,\ V_n) = \prod_{i=1}^{n} P(V_i/pa(V_i)) \tag{5-19}$$

其中，$pa(V_i)$ 表示变量（节点）在此贝叶斯网络中的所有“父亲”（父节点）。有关图模型的详细介绍可参见文献 Jordan（2004）。如 4 个随机变量 X_t、X_{t+k}、S_t 和 S_{t+k}，根据隐马尔可夫模型的结构可知 $pa(S_t)$ 为空，而 $pa(S_{t+k}) = S_t$，$pa(X_t)= S_t$ 和 $pa(X_{t+k})$，因此它们的联合分布可写成式（5-20）。同时边际分布可表达成式（5-21）。如果马尔可夫链平稳，则可写成式（5-22）。类似地可以取得更高维的边际分布的表达式，以平稳马尔可夫链中的三变量为例，那么对任意正整数 k 和 l 有式（5-23）。

$$P(X_t, X_{t+k}, S_t, S_{t+k}) = P(S_t)P(X_t/S_t)P(S_{t+k}/S_t)P(X_{t+k}/S_{t+k}) \tag{5-20}$$

$$\begin{aligned} P(X_t = v, X_{t+k} = w) &= \sum_{i=1}^{m}\sum_{j=1}^{m} P(X_t = v, X_{t+k} = w, S_t = i, S_{t+k} = j) \\ &= \sum_{i=1}^{m}\sum_{j=1}^{m} P(S_t = i)p_i(v)P(S_{t+k} = j/S_t = i)p_j(w) \\ &= \sum_{i=1}^{m}\sum_{j=1}^{m} u_i(t)p_i(v)\gamma_{ij}(k)p_j(w) \\ &= u(t)P(v)\Gamma^k P(w)1 \end{aligned} \tag{5-21}$$

$$P(X_t = v, X_{t+k} = w) = \delta P(v)\Gamma^k P(w)1 \tag{5-22}$$

$$P(X_t = v, X_{t+k} = w, X_{t+k+l} = z) = \delta P(v)\Gamma^k P(w)\Gamma^l P(z)1 \tag{5-23}$$

5.4 小波域隐马尔可夫模型

5.4.1 小波域模型的类型

（1）尺度内模型。尺度内模型主要研究小波系数在同一时间尺度内的统计特性以及相邻小波系数之间的关系。Donoho（1995）的小波阈值滤波方法认为，小波系数是独立的，有相关性的小波系数在同一时间尺度。Hall 等（1998）提出了一种块阈值滤波方法。它被认为是，当判断的小波系数是奇异性时其邻近系数的信息应考虑，这被认为是最简单的尺度内模型。最广泛使用的尺度内模型是高斯分布模型。研究了同一尺度上的小波系数，得到了小波系数的分布规律。通常自然信号的小波系数近似高斯分布或拉普拉斯分布。

很多学者通过这个假设，确定小波系数是 i. i. d. 序列，滤波含噪声的小波系数，结果很好。然而小波系数的绝对值或平方值却有很强的相关性，因此又提出小波系数的尺度间和混合模型。

（2）尺度间模型。尺度间模型的目的是描述小波系数在不同时间尺度间的相关性。如果一个真实信号的小波系数在小尺度上表现出较大的波动，那么相应尺度上的波动可能会更大。但随着时间尺度的增大，纯噪声产生的小波系数的波动会迅速减小。小波二叉或四叉树模型是对不同时间尺度小波系数相关性的一种描述，如果父节点有小的波动，子节点也有小的波动。Sadler 和 Swami（1999）讨论了尺度乘积估计。Banham（1996）采用自回归模型来刻画一个四叉树结构的节点由高尺度到低尺度的过程，发展了一种多尺度卡尔曼滤波方法。Crouse、Nowak 和 Baraniuk（1998）引入了隐马尔可夫树模型（HMT），使用概率转移矩阵量化不同尺度上的小波系数间关联。这个模型也是本书在股市波动信息传导研究中，要引入的核心模型，因此，在后文中将对其进行专门的介绍和分析。

（3）混合模型。混合模型，又称为空间—尺度混合模型，因其兼顾之前两种模型的特点，考虑相同时间和不同时间的尺度内小波系数之间的联系。Liu 和 Moulin（2001）从共同信息的视角，对小波系数间的相关性进行了定量分析，结果表明所运用的统计模型和小波滤波器对共同信息都有影响。另外，Crouse、Nowak 和 Baraniuk（1998）将小波系数分成高波动状态和低波动状态，并通过它们在尺度上的变化，构造了独立模型（IM）、隐马尔可夫链模型（HMC）和隐马尔可夫树模型（HMT）三个既有联系又存在区别的模型，在此将它们统称为小波域马尔可夫模型。事实上，前两个属于尺度内模型，而后一个则为尺度间模型。

5.4.2 小波域马尔可夫树模型

根据小波域时间序列分析，能把小波系数看成高维联合概率密度函数 $f(W)$ 的随机过程。由于维数过高，难以利用联合概率密度函数来刻画不同小波系数之间的依赖性。假如简单地将不同小波系数视为相互独立，即 $f(W)=\prod_{t} f(W_t)$，的确能简化联合概率密度的求解，然而这样就无法考虑尺度间小波系数的相依性。由此，需要折中地建立一个可行的模型，要求其既能将小波系数间的主要相关性体现出来，又便于计算。

另外，现代研究发现信号的小波变换具有下述的性质①：①聚集性。一个小波系数的绝对值很大（小），那它旁边的系数值也会大（小）。②持续性。某一时间尺度的小波系数的绝对值比较大（小），与其相邻尺度同

① 这两个特性是针对信号的小波变换而言，而对纯噪声序列的变换不具备，其实这点在前文已有简约阐述。

一时点的小波系数绝对值也会比较大（小）。这两个性质表明了信号（非噪声的时间序列）小波系数间的相关性。隐马尔可夫树模型正是利用本书5.2.1节中介绍的基础隐马尔可夫模型和小波变换都有类似的叉型树结构，在它们之间架起桥梁，能达到折中地描述小波系数间这种相关性的目的。

小波系数之间的相关性，其特征在于由不同尺度之间的系数传输。也就是说，小波系数的大小和相关的父代数目值有关，且给其子代系数带来影响。在隐马尔可夫树模型中，小波系数间的相关性是通过运用小波系数的隐藏状态变量代替系数本身来建立。因此，利用树形结构的隐马尔可夫树模型能够有效地反映沿尺度方向小波系数的持续性质。每个小波系数均服从 M 个隐状态的高斯混合模型，M-状态高斯隐马尔可夫树模型可由参数集 θ 描述：

$$\theta = \{p_{S_i}(m),\ \varepsilon_{i,\ pa(i)}^{m,\ r},\ u_{i,\ m},\ \sigma_{i,\ m}^2 \mid i \in I = \{1,\ 2,\ \cdots,\ Q\}\ ;\ m,\ r \in \{S_1,\ S_2,\ \cdots,\ S_M\}\ \} \tag{5-24}$$ ①

其中，第一元素 $p_{S_i}(m)$ 为根节点的概率分布，具体来说这里的 p 代表一个具体的概率分布，i 代表根节点的编号，S_i 则相应代表第 i 个节点的随机状态，M 代表有限状态空间的大小，I 为所有节点编号构成的集合；第二元素 $\varepsilon_{i,\ pa(i)}^{m,\ r} = P(S_i = r / S_{pa(i)} = m)$，即给定第 i 个节点的父节点 $pa(i)$ 的隐状态处于 m 时，第 i 个节点的隐状态 S_i 处于 r 时的条件概率；第三、第四元素 $u_{i,\ m}$、$\sigma_{i,\ m}^2$ 分别为已知第 i 个节点的隐状态处于 m 时，其对应的小波系数数学期望与方差②。

（1）参数估计。对于现实中一个具体的金融时间序列来说，即使其真实地服从隐马尔可夫树模型，但模型的具体参数在绝大多数时候是未知的，因此只能通过唯一可观察到的小波系数数据，并选择适当的方法估计出模型参数。相比一般模型，此模型参数估计的困难在于无法获取各节点状态，因此直接利用最大似然法估计参数不可行。而对于这类缺失数据的问题，EM 算法非常有成效。EM 算法估计隐马尔可夫树模型的核心任务就是用参数组（式）来充分匹配已观察的小波系数的小波树，每一棵树有 Q

---

① 前文介绍隐马尔可夫模型，将状态空间直接标记为 TXL_1，而现将其标记为 S_1，S_2，…，S_M 的原因在此时的变量及符号过多，以免引起混淆。

② 本来需条件概率密度来替代第三、第四元素才能体现全面，然而假设为这些条件分布为高斯分布，所以才仅用期望与方差来反映。

个小波系数①，即训练出 $\hat{\theta} = \underset{\theta}{\operatorname{argmax}} f(W/\theta)$ ，其中 $W = \{W_i,\ i \in I\}$ 。

迭代流程分四步：

第 1 步：初始化，设置模型参数的初始值 θ^0，迭代指标 $l = 0$。

第 2 步：E 步，计算隐状态变量的联合分布 $P(S/W,\ \theta^l)$，$S = \{S_i,\ i \in I\}$。

第 3 步：M 步，令 $\theta^{l+1} = \underset{\theta}{\operatorname{argmax}} E_S(\ln f(W,\ S/\theta)/W,\ \theta^l)$ 。

第 4 步：迭代，判断是否达到收敛或停止循环条件，否则令 $l = l+1$，并回到第 2 步继续循环。

关于对数似然求解；由小波域隐马尔可夫 Model 参数 ，求解似然函数值，即计算 $\ln f(W/\theta)$ ，其可以表示参数 θ 拟合数据 W 的准确程度，这可以通过 Upward－Downward （Rabiner，1989；Crouse，Nowak and Baraniuk，1998）算法对隐马尔可夫树模型计算。另外，关于隐状态估计，用 AIC 或 BIC 等准则估计隐状态 S ，此可由 Veterbi 算法（Rabiner，1989）来计算，其他内容在此不作深入讨论。

（2）训练算法。在小波域中，树形结构严格由小波系数链形成，而不是由隐状态联结而成。定义 T_i 表示以第 i 节点为根所对应小波系数的子树。T_i 包含小波系数 W_i 及其所有后代。若 T_j 为 T_i 的子树，则定义 $T_{i\setminus j}$ 为从 T_i 中移去 T_j 后的小波系数集。不失一般性，可对小波系数进行排序，使 W_1 在整个树的根部。如此，T_1 为所有已观察到小波系数构成的树。对其每一个子树 T_i ，定义式（5-25）至式（5-28）。

$$\beta_i(m) = f(T_i/S_i = m,\ \theta) \tag{5-25}$$

$$\beta_{i,\ pa(i)}(m) = f(T_i/S_{pa(i)} = m,\ \theta) \tag{5-26}$$

$$\beta_{pa(i)\setminus i}(m) = f(T_{pa(i)\setminus i}/S_{pa(i)} = m,\ \theta) \tag{5-27}$$

$$\alpha_i(m) = P(S_i = m,\ T_{1\setminus i}/\theta) \tag{5-28}$$

根据小波域隐马尔可夫树模型的性质可知，给定状态变量 S_i 时，树 T_i 和 $T_{i\setminus j}$ 是相互独立的。这一情况使可依据 α 和 β 求出状态变量的概率分布。

① 对一个样本容量为 N（偶数）的时间序列，DWT 分解下会有 $N/2$ 个小波系数，而 MODWT 分解下则产生 N 个小波系数。

利用贝叶斯定理得到条件概率为式（5-29）和式(5-30)。

$$P(S_i = m/W,\ \theta) = \frac{\alpha_i(m)\beta_i(m)}{\sum_{m=1}^{M}\alpha_i(m)\beta_i(m)} \tag{5-29}$$

$$P(S_i = m,\ S_{pa(i)} = n/W,\ \theta) = \frac{\beta_i(m)\varepsilon_{i,\ pa(i)}^{n,\ m}\alpha_{pa(i)}(n)\beta_{pa(i)}(n)}{\sum_{m=1}^{M}\sum_{m=1}^{M}\beta_i(m)\varepsilon_{i,\ pa(i)}^{n,\ m}\alpha_{pa(i)}(n)\beta_{pa(i)\setminus i}(n)} \tag{5-30}$$

为了处理树的总数 K 大于 1 的情况，用上标表示树的编号，将小波系数集和隐状态变量集，分别重新表示为 $W=\{W^1,\ W^2,\ \cdots,\ W^K\}$ 和 $S=\{S^1,\ S^2,\ \cdots,\ S^K\}$，其中每棵树中的小波系数子集和状态变量子集，分别用向量 $W^k=(W_1^k,\ W_2^k,\ \cdots,\ W_Q^k)$ 和向量 $S^k=(S_1^k,\ S_2^k,\ \cdots,\ S_Q^k)$ ①。为了实现 EM 算法的 E 步，将 Upward-Downward 算法独立用于 K 棵小波树中的每一棵树，由式（5-29）、式（5-30）和参数估计 $\theta=\theta^l$，可计算隐状态变量边际分布 $P(S_i^k=m/W^k,\ \theta^l)$ 和 $P(S_i^k=m,\ S_{pa(i)}^k=n/W^k,\ \theta^l)$。计算出隐状态变量的分布之后，则可直接算出式（5-31）至式（5-34）。

$$p_{S_i}(m) = \frac{1}{K}\sum_{k=1}^{K}P(S_i^k = m/W^k,\ \theta^l) \tag{5-31}$$

$$\varepsilon_{i,\ pa(i)}^{n,\ m} = \frac{\sum_{k=1}^{K}P(S_i^k = m,\ S_{pa(i)}^k = n/W^k,\ \theta^l)}{Kp_{S_{pa(i)}}(n)} \tag{5-32}$$

$$u_{i,\ m} = \frac{\sum_{k=1}^{M}W_i^kP(S_i^k = m/W^k,\ \theta^l)}{Kp_{S_i}(m)} \tag{5-33}$$

---

① 因前面提到对小波系数进行了排序，所以此时每棵树中的小波系数子集为一有向量（非标量或普通集合），即用向量表示。

$$\sigma_{i,m}^{2}=\frac{\sum_{k=1}^{K}(W_{i}^{k}-u_{i,m})P(S_{i}^{k}=m/W^{k},\theta^{l})}{Kp_{S_{i}}(m)} \tag{5-34}$$

不难看出，对于 $i\in\{1,2,\cdots,Q\}$，m，$n\in\{s_1,s_2,\cdots,s_M\}$ 的以上四个参数子集中的所有元素 $p_{S_i}(m)$、$\varepsilon_{i,pa(i)}^{n,m}$、$u_{i,m}$ 和 $\sigma_{i,m}^{2}$ 的训练估计均是 K 棵小波树独立估计的加权平均估计。

5.5 案例研究：我国股市波动跨时间尺度传导的非对称性

5.5.1 金融时间序列的小波系数统计特性

由于正交离散小波变换（DWT）具有一定的去相关性的功能，因此在数据处理中小波系数系列常常被简单地看作白噪声过程，那么小波系数间的统计相关信息在建模中未被加以利用。然而，事实上对于高频金融时间序列而言，小波系数的不相关性和高斯性这一假定将不再成立，其原因主要来自以下三个方面，首先，对于绝大多部分的高频金融时间序列，小波分解后的小波系数通常呈现稀疏性质。这里的稀疏性质表示大部分小波系数比较小，而能表征原始金融时间序列奇异特征且包含了原始金融序列大部分波动信息的大的小波系数，在数量上还相对较少。其次，小波系数系列整体上呈现“尖峰，厚尾”统计分布特性①。最后，原始金融时间序列中存在各种复杂相关结构，因此实践中不可能产生近似不相关的小波系数系列。

由于金融波动时间系列经过离散小波变换后的小波系数呈现稀疏特征，由此可定义一个不可观测的状态系列，并与每一个小波系数联系起来。高波动状态 s_1 对应大的小波系数，低波动状态 s_2 对应小的小波系数。然后，以隐状态为条件建立小波系数的条件高斯分布，即高波动状态 s_1 条

① 华盛顿大学 Percival D. B 教授（2000）在专著 *Wavelet Methods for Time Series Analysis* 也提到这种统计特征。

件下的小波系数系列服从为零均值，方差大的高斯分布 $f_{w/S}(w/S=s_1)$；低波动状态 s_2 条件下的小波系数系列服从零均值，方差小的高斯分布 $f_{w/S}(w/S=s_2)$。并由式（5-35）得到两状态的高斯混合分布（GMM），如图 5-4 所示。

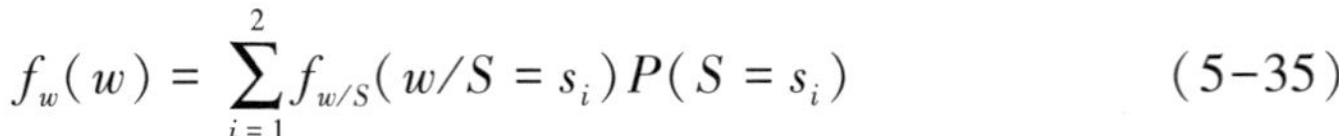

$$f_w(w)=\sum_{i=1}^{2}f_{w/S}(w/S=s_i)P(S=s_i) \tag{5-35}$$

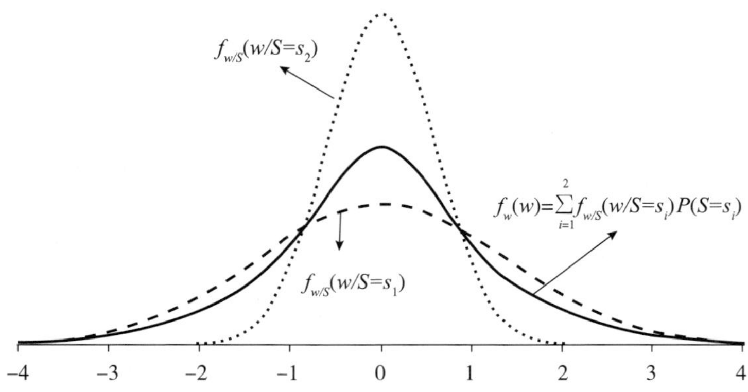

图 5-4　2-状态小波系数混合高斯模型

5.5.2　2-状态小波域隐马尔可夫模型的构建

为了建立不同时间尺度小波系数间的概率模型，这里引入 Crouse、Nowak 和 Baraniuk（1998）提出的树状结构的隐马尔可夫树模型①，该模型利用了离散小波变换（DWT）的典型二叉树状结构，假设小波系数所对应的状态变量组成的树形结构满足一阶马尔可夫模型。图 5-5 给出了一维离散小波变换分解结构和一维隐马尔可夫树模型的示意图，其中白色点表示各个系数所对应的“隐”状态变量 S，黑色点表示小波系数变量 W。从图 5-5 可以看出，该模型中父子节点的相依程度与尺度之间相应系数状态的传递强度相对应，而这种传递强度又可以通过 HMT 模型中父子节点状态间的转移概率进行量测。因此，HMT 理论上能够有效地评估不同时间尺度间小波系数的相依关系。

---

①　这个模型最开始主要是用于离散信号处理领域。

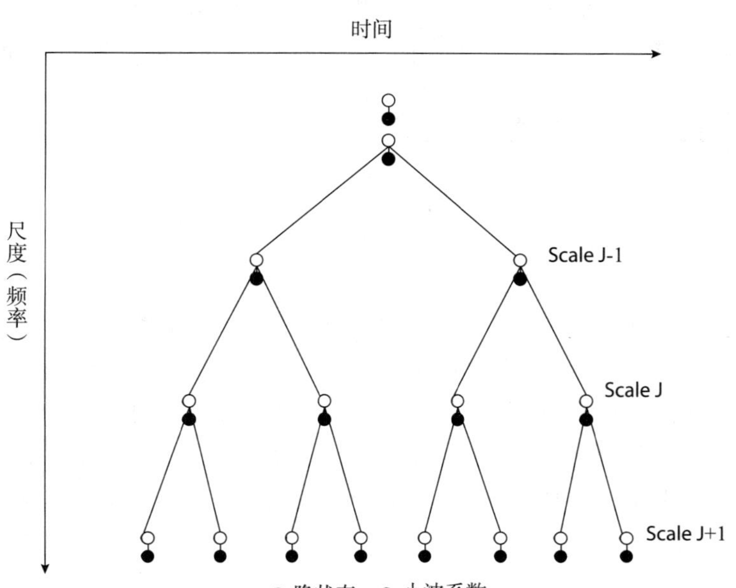

图 5-5　小波域隐马尔可夫树模型结构

接下来，将 GMM 和 HMT 模型加以集成，即可得到一个 2-状态的小波域隐马尔可夫模型（WHMM），它可以同时解决每个尺度小波系数的非高斯边缘分布的建模以及各尺度小波系数间的垂直相依两个问题。对小波树中的任意节点 i，其父、子节点分别记作 $pa(i)$ 、$c(i)$，父子节点的状态通过状态概率 $\varepsilon_{i,\ pa(i)}^{m,\ r}$ 来确定。所有节点指标集合记为 I，且 $W=\{W_i,\ i\in I\}$，$S=\{S_i,\ i\in I\}$。综上可知，WHMM 的模型参数包括：① $P_{S_1}(m)$，即根节点 S_1 的概率分布；② $\varepsilon_{i,\ pa(i)}^{m,\ r}=P_{S_i/S_{pa(i)}}(S_i=r/S_{pa(i)}=m)$，即在 $S_{pa(i)}=m$ 的条件下，$S_i=r$ 的条件概率；③ $u_{i,\ m}$、$\sigma_{i,\ m}^2$，即小波系数 W_i 在状态 $S_i=m$ 条件下的均值与方差。将三组参数合成参数向量式（5-36）。

$$\theta=\{P_{S_i}(m),\ \varepsilon_{i,\ pa(i)}^{m,\ r},\ u_{i,\ m},\ \sigma_{i,\ m}^2\,|\,i\in I;\ m,\ r\in\{s_1,\ s_2\}\}\tag{5-36}$$

5.5.3　参数估计

对于一个小波域隐马尔可夫树模型，通常需要解决模型训练、似然计算和隐状态估计三个标准问题。但本书的主要目的是通过分析不同尺度间波动信息的流动规律，以此考察不同的长线、短线投资者交易行为间的联系，那么参数 $\varepsilon_{i,\ pa(i)}^{m,\ r}$ 成为关注的重点。以两状态高斯混合分布为基础，可将其整合成式（5-37）更为直观的状态转移概率矩阵：

$$P_j = \begin{bmatrix} p_{1,\ j} & 1 - p_{1,\ j} \\ 1 - p_{2,\ j} & p_{2,\ j} \end{bmatrix} (j = 1,\ 2,\ \cdots,\ J - 1) \qquad (5-37)$$

其中，条件概率 $p_{1,\ j} = P$(尺度 j 的高波动状态／尺度 $j+1$ 的高波动状态）和 $p_{2,\ j} = P$(尺度 j 的低波动状态／尺度 $j+1$ 的低波动状态）。

由于无法直接利用极大似然法对小波域隐马尔可夫树模型数组 θ 进行估计①，即模型的训练问题。在这里，采用前面介绍过的 Crouse 等（1998）首创的修正 EM 算法和 Vitterbi 算法来解决模型参数 θ 估计与隐状态 S 的估计。

5.5.4 实证结果与分析

（1）数据来源与预处理。为了尽可能全面地反映我国股市波动信息流动特点，并保障实证结果的稳健性，本书分别以反映沪深两市行情的上证综指和深证成指为分析样本，数据采样频率为 5 分钟（min），数据来源于万得咨询数据库。由于离散小波变换要求原始序列长度为 2 的整数次幂，即 $N = 2^J$，其中 J 也就是小波多分辨分析的最大小波尺度。以 2007 年 2 月 12 日 13 时 45 分至 2012 年 9 月 20 日 15 时 0 分上证综指的收盘价为主要研究资料，剔除其中因法定节假日而停盘的时间点，序列长度 $N = 65536 = 2^{16}$。另外，以 2007 年 3 月 19 日 13 时 45 分至 2012 年 10 月 24 日 15 时 0 分深证成指收盘价为分析参照，其序列长度 $N = 65536 = 2^{16}$。再以式 $r_{t,\ 5} = \ln P_t - \ln P_{t-1}$ 获得 5 分钟对数收益率，其中 P_t 表示取样频率为 5 分钟的 t 时刻的股指。为了兼顾小波滤波的平滑性、对称性和长度，选择应用广、兼容强的最小对称 Daubechies，即 LA（8）作为小波基函数。多分辨分析过程各小波尺度所对应的时间尺度如表 5-1 所示。

---

① Crouse, M. S., Nowak, R. D. and Baranniuk, R. G. Wavelet-based statistical signal processing using hidden Markov modeds [J]. IEEE trans. Signal Process, 1998, 46 (4): 886-902.

表 5-1　离散小波变换的小波尺度与时间尺度参照

小波尺度	时间跨度		
	分钟	小时	天
1	10~20		
2	20~40		
3	40~80	0. 7~1. 3	
4		1. 3~2. 7	
5		2. 7~5. 3	
6		5. 3~10. 7	
7		10. 7~21. 3	
8		21. 3~42. 7	0. 9~1. 8
9			1. 8~3. 6
10			3. 6~7. 2

（2）沪市波动信息流动的非对称表现。表 5-2 给出了上证综指相邻时间尺度波动状态的转移概率 $A_j(j=1, 2, \cdots, 9)$ 的估计值。首先，最醒目的是表中第 2 列的概率值几乎均接近于 1，即对于 j 取任意值，条件概率 $p_{2,j}$ 接近于 1。这就说明如果在尺度 $j+1$ 上波动处于低波动状态下，那么其下邻尺度 j 上的波动将一个很大的概率也处于低波动状态，更进一步表明低波动状态在各相邻时间尺度间存在强烈的相依性。如在 1~2 天的时间尺度（小波尺度 8）上观察到低波动状态，那么在 11~21 小时的时间尺度（小波尺度 7）上观察到低波动状态的概率为 0. 9756；同理，若低波动状态出现在 1~3 小时的时间尺度（小波尺度 4）上，那么低波动状态在其下邻时间尺度 0. 7~1. 3 小时（小波尺度 3）被观察到的可能性约为 0. 96。因此，各尺度上的低波动状态间存在强相关，小波动信息沿时间尺度顺畅流动。

表 5-2　上证综指相邻时间尺度波动状态相依概率

小波尺度	低到低	低到高	高到高	高到低
9	0. 9921	0. 0079	0. 7544	0. 2456
8	0. 8988	0. 1012	0. 9517	0. 0483

续表

小波尺度	低到低	低到高	高到高	高到低
7	0.9756	0.0244	0.8955	0.1045
6	0.9584	0.0416	0.8420	0.1580
5	0.9749	0.0251	0.8640	0.1360
4	0.9735	0.0265	0.7990	0.2010
3	0.9602	0.0398	0.6815	0.3185
2	0.9036	0.0964	0.7140	0.2860
1	0.9770	0.2030	0.2821	0.7179

高波动状态能否类似于低波动状态一样从高尺度顺畅地向低尺度流动呢？对照表 5-1 第 2 列与第 4 列不难发现，除了在尺度 $j=8$ 之外，高波动状态转至高波动状态的概率明显要比低波动状态相互间转移的概率小，尤其是在低时间尺度。这也就表明当在给定尺度 j 出现高波动状态时，并不能以近 100%的把握，确保在其下邻尺度 $j-1$ 将会有高波动状态的发生。如在 1~2 天的时间尺度（小波尺度 8）出现高波动状态的条件，那么在 11~21小时的时间尺度（小波尺度 7）上存在高波动状态的条件概率为 0.8955；同理，若高波动状态出现 1~3 小时的时间尺度（小波尺度 4）上，那么高波动状态在其下邻时间尺度 0.7~1.3 小时（小波尺度 3）被观察到的概率约为 0.6815。表 5-1 第 5 列显示高波动状态转至低波动状态的仍有一定的可能性，概率约在 0.2；而低波动状态转到高波动状态的可能性太小，几乎在所有的时间尺度上这类转移概率均接近于 0。也就表明长时间尺度的低波动诱发短时间尺度的高波动的可能性几乎不存在，但长时间尺度的高波动引起短时间尺度的低波动具有一定的可能性，尤其是对 1 小时或更短时间尺度而言，高波动状态向低波动状态转移的概率均在 0.3 以上，最大值达到 0.7179。

为了更加直观地展示股市波动在各时间尺度间的相依性及波动信息沿时间尺度流动的非对称特征，将两状态的小波域隐马尔可夫模型（WHMM）对上证综指在各时间尺度上的波动状态系列的估计结果标识在图 5-6 上，其中黑色条带表示高波动状态，白色条带表示低波动状态。图 5-5 清晰显示：从最大小波尺度 9（时间尺度2~4天）开始，如当前观察到一个白条带（低波动状态），那么在正下方即更短时间尺度上极有可能再出现一白色条带（低波动状态）；然而，在当前状态图标为黑色条带的条件下，在其正下方要同样观察到黑色条带明显不如之前观察白色条带那么频繁。

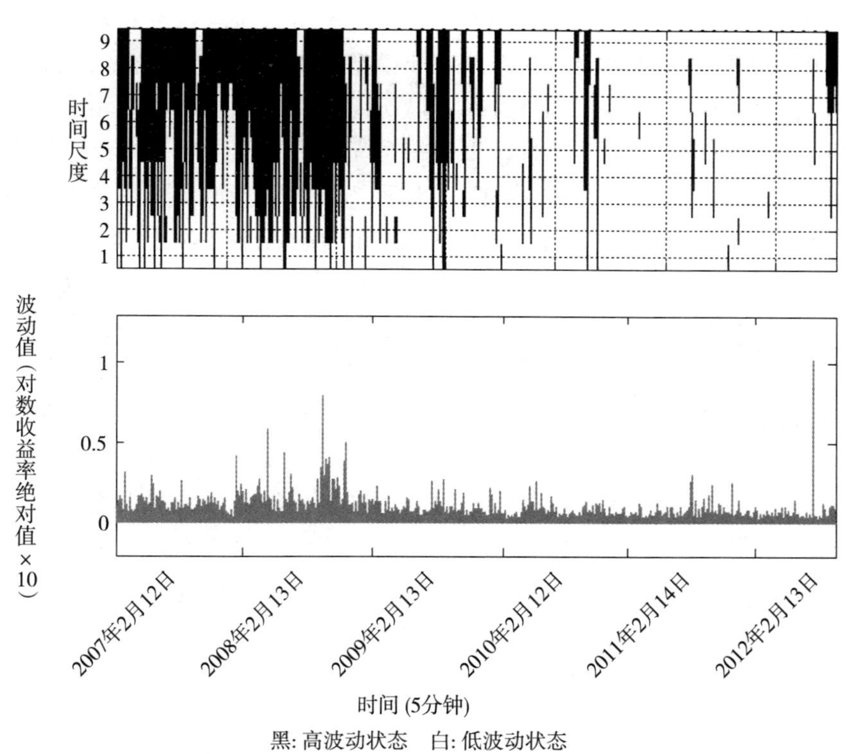

图 5-6　上证综指波动系列及隐马尔可夫模型的状态估计

注：上子图为隐状态的估计，下子图为波动时间序列。

另外，对图 5-6 上半部分更细微地进行观察，不难发现以下两个特征：其一，大面积的黑色条带主要出现在 2007 年初至 2009 年初这一时期，而且黑色条带在小波尺度 9 到小波尺度 5 的频段内更浓密，黑色条带的聚焦暗示股市高波动状态的聚焦。这一图像表征与我国股市实际情况是相符的，因为从 2006 年初开始，中国股市迎来了史无前例的大牛市，随后又是快速下挫的熊市，其间股价起伏波澜壮阔，超乎想象。上证综指从 2006 年 1 月 4 日的 1163 点攀升至 2007 年 10 月 16 日的 6124 点，达历史最高位，创造了年度 129%的最大涨幅[①]；之后股市一路快速下跌，直到 2008 年中后期才基本恢复平静。其二，在给定的单位时期内，随着时间尺度由长变短，黑色条带的宽度也变得越来越窄。这表明在时间尺度逐步减少的条件下，高波动状态持续的时间变得越来越短，这一情形在 2006 年初至 2009 年中期的股市大震荡时期并不例外。这一现象对长短线投资者来说具有很重要的实践价值。也就是说，即使在股市整体上出现大大震荡的时期，局部时间内高波动状态并不多见，而背后所隐藏的更长期波动并不能被短期投资者简单识别，难以规避即将发生的系统风险。

（3）深市波动信息流动表现。整体上，深证成指波动信息流动特点的实证结果与上证综指极为相似，虽然在细节上存在一些微小的差异。首先从表 5-3 第 2 列同样发现，低波动状态转移至其下邻尺度的低波动状态的概率仍然很大，最小值为 0. 8577，最大值达 0. 9836，绝大多数在 0. 9 以上，这一结果再次佐证有关低波动状态之间存在强烈的垂直相依性。同样，表 5-3 第 4 列的概率值仍在绝大多数时间尺度上小于第 2 列的值，也就是不管在上海证券交易市场还是在深圳证券交易市场，股市波动信息传导均具有非对称性的特点，即在长时间尺度上小波动极有可能有短时间尺度上小波动的追随，而大波动信息在不同尺度间垂直流动的可能性相对要小。由图 5-7 的上半部分可更直观地发现这一特征，因为在标识低波动状态的白色条带下方几乎全是白色条带相依，而在标识为高波动状态的黑色条带下方呈现的是更窄的黑色条带或白色条带。

表 5-3　深证成指相邻时间尺度波动状态相依概率

小波尺度	低到低	低到高	高到高	高到低
9	0. 9836	0. 0165	0. 7646	0. 2354
8	0. 9427	0. 0573	0. 8903	0. 1097
7	0. 9182	0. 0818	0. 9301	0. 0699
6	0. 9559	0. 0441	0. 7402	0. 2598
5	0. 9081	0. 0748	0. 8587	0. 1413

① 来自成思危在文章《暴涨难持续　注意股市泡沫》的股市总结，http：//stock. hexun. com/2007-11-02/101000844. html。

续表

小波尺度	低到低	低到高	高到高	高到低
4	0. 9252	0. 0748	0. 7222	0. 2778
3	0. 8760	0. 1240	0. 6809	0. 3191
2	0. 8577	0. 1423	0. 6094	0. 3906
1	0. 9501	0. 0499	0. 3194	0. 6806

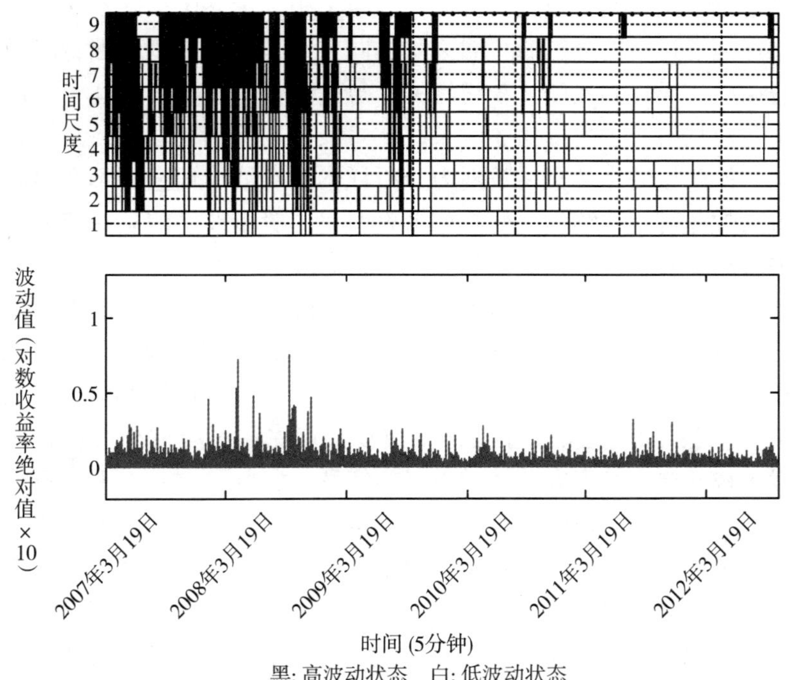

图 5-7　深圳成指波动系列及隐马尔可夫模型的状态估计

注：上子图为隐状态的估计，下子图为波动时间序列。

（4）波动信息流动非对称性的稳健性检验。通过对沪深两市波动状态转移矩阵的估计直观上已发现，高、低波动信息流动的非对称性，即技术上的 $p_{2,j} > p_{1,j}(j=1, 2, \cdots, J-1)$。为了进一步检验以上结论的稳健性，接下来联合沪深两市的估计结果以扩充样本容量，并应用非参数检验中的 Wilcoxon 秩检验法对 H_0：$p_{2,j} > p_{1,j}$，H_1：$p_{2,j} \leqslant p_{1,j}$ 进行成对统计检验，选用非参数方法的原因是由于无法对 $p_{1,j}$ 与 $p_{2,j}$ 的先验分布做出有先验的合理假设。结果显示，Wilcoxon 统计量 $V=166$，P 值为 $3.815\times10^{-5}\ll0.01$，即表明 $p_{2,j}>p_{1,j}$ 达到统计极显著水平，进一步验证非对称性的存在。

5.5.5 实证结论与政策意义

（1）实证结论。“跟庄”现象普遍被认为存在于股票市场。也就是说，大投资者备受小投资者关注，长线投资者备受短线投资者的跟随，在时间滞后的情况下执行相类似买卖交易。在前文中，论述了反映市场景气的股指波动序列通过小波分解后，能刻画不同长线、短线投资者的行为及其风险。进而，相异时间尺度波动间的关联与波动信息在不同时间尺度间的流动，本质上从另一个角度描述了长线、短线交易行为的联系。那么，本书以我国沪深两市的高频交易数据为分析样本，对波动信息在不同时间尺度间的流动规律进行了统计分析，结果表明我国股市波动信息在流动过程中具有显著的非对称性：大尺度的低波动状态以大概率引发小尺度上的低波动状态，但大尺度的高波动状态只以相对小的概率诱发小尺度的高波动状态。这一结论不仅对股票市场“跟庄”现象进行了有效验证，而且从概率的角度对这种“跟庄”行为进行了量化。这意味着，越是小波动，庄家越容易被“跟”；反倒是更加重要的大波动，却往往不能被小投资者所识别并加以重视。原因是多方面的，心理、信息、资本、专业水平都可能是导致股市波动信息流动呈现非对称性的因素。因为，对短线投资者或小股民来说，在市场呈现牛市时，易受“见好就收”“高处不胜寒”的心理因素影响，而熊市期间又极有可能出现“纠缠不收”“低位不解套”的心态，从而最终呈现“跟小不跟大”的中庸表现。因此，短线跟庄者看似理性的跟庄行为，囿于信息、资本、专业水平的壁垒乃至人性弱点，其结果往往是经济非理性的，从而从另一个侧面解释了中国股票市场的非理性特征和投机浓于投资的现象。

（2）政策意义。与许多西方发达国家股市截然不同，我国股票市场的投资者仍以短线投资的散户为主要构成，而散户在投资决策方面受限于资金量、信息、经验等各种因素，难以形成自己独立而合理的市场判断，而长线投资者往往是机构投资者，他们在以上几个方面，尤其经济、金融信息获取处于天然优势地位。根据许多金融学专家的观点，一个以散户居多的市场本身就是不成熟的市场表现，而且可以预期这种结构在短期内难以发生根本性的变化。

市场组成结构不变，就有理由相信本书所发现的波动信息流动的非对称性也不会有全新的改变，以炒短期、炒概念、炒消息为主的散户投资者在总体上累累亏损的境遇也不会变。随着 IPO 预披露速度的加快以及注册制、沪港通及一系列制度变革，市场越来越倾向于依靠价值投资而获利。当然，投机的风险也会越来越大，以投机为主的散户群体将进一步会因信息流动的非对称性，面临被市场淘汰的严酷局面。然而，我国正处于经济结构调整、宏观经济下行压力大的攻坚阶段，实体经济的转型、创新与发展迫切需要股市等金融市场的同步成熟。那么，在股票市场投资主体结构与波动信息非对称流动均无法突变的条件下，市场监管机构可作为的是做到信息披露的公正、公开，尽最大可能地降低信息流动的非对称性，使信息自由流动，引导长线、短线投资者的决策均趋于理性，在最大限度上使市场主体的散户获得红利，留住他们的投资热情，为我国宏观经济成功转型提供坚实的金融支持。

5.6　本章小节

波动虽为股市的本质属性，客观存在，不以人的意志而转移，但剧烈的波动即表明风险巨大，这对投资者的资产价值和市场健康发展均十分不利，因此，股市波动一直以来均是社会各界关注的热点。自 Engle（1982）提出 ARCH 模型研究金融市场波动以来，国际上已有十多类扩展的 ARCH 族模型用于描述不同特点的 ARCH 效应。此外，另一类研究金融市场波动的工具为 SV 模型，这两类被广泛应用于金融时间序列波动性分析。然而，在学术界极少有人将波动与时间尺度联系起来，而现代多尺度理论认为，任何经济行为及其衍生行为均是在一定的时间和空间尺度下发生的，时间尺度其实可以理解为金融市场波动的自然属性，脱离时间尺度而讨论股市波动缺乏意义。

本书首先正式将时间尺度融入股市波动研究中，更有价值的是将不同的时间尺度与市场上的不同参与者联系起来，进而可通过分析不同时间尺度的股市波动来间接分析所对应的市场参与者的投资决策行为。金融市场的不同参与者行为之间存在复杂的联动现象，其中之一就是“跟庄”现

象。因此，研究具有不同时间尺度特征的投资者行为间的关系，对把握股市波动规律十分必要。在上述基础之上，本书并未沿袭 ARCH 族模型和 SV 模型的研究框架，而是创新性地应用了具有多分辨分析功能的小波分析这一新颖工具，同时结合隐马尔可夫模型的结构，用于对我国股市波动规律的研究。

在本章的中间部分，对马尔可夫模型、隐马尔可夫模型和小波域隐马尔可夫模型的基础理论进行了较系统的梳理，其中包括各个模型的结构、参数设定与参数估计等。在最后的案例研究——我国股市波动跨时间尺度传导的非对称性中，发现我国股市波动信息在流动过程中具有显著的非对称性，即大尺度的低波动状态以大概率引发小尺度上的低波动状态，但大尺度的高波动状态只以相对小的概率诱发小尺度的高波动状态。这一结果不仅验证了小波域隐马尔可夫模型在此问题研究中的适用性，并具有重要的政策意义。

第❻章 总结与展望

6.1 总结

自 19 世纪 70 年代以来，时间序列经济计量分析的理论与应用研究均取得了快速的发展，诸如非平稳的单位根过程、协整过程、异质性及随机异方差模型等的一些理论。自 20 世纪 80 年代初，传统时间序列计量经济学的理论和方法在很大程度上发生了变化。平稳时间序列计量经济学的研究已不再是唯一的研究目标，非平稳时间序列也可以涉及，特别是在处理协整过程中，一阶单整、二阶单整已成为主要的研究对象，被广泛应用于经济和金融领域。然而，目前绝大多数时间序列经济计量分析都是在时域内展开的，其中包括计量模型的构建、估计、检验。此外，时域分析与频域分析似乎被割裂开来，分别在两条轨道上独立发展，通常两域内分析所获得的阶段性结果并未有机结合起来，从而大大削减了结果的完整性。实际上现已证明，在频域内也能构造出许多有价值的统计量，用于经济计量模型的估计或检验，并且有时具备较时域分析更好的统计性质。小波分析作为一门新兴的数学理论和方法，它在时域和频域上均具有良好的分辨。它的应用能使时间序列分析在时域和频域都达到了良好的局部化效果，为洞察时间序列的动态提供了一个全新的视角与工具。

本书根据经济时间序列经济计量分析的理论和实践的需要，利用小波分析这一新颖的工具，发展了两个统计检验方法，即小波域单位根检验与小波域协整检验，和开发的两个检验统计量 TXL_1 与 TXL_1^*，在方法论方面拓展和丰富了非平稳时间序列分析方法的理论研究和应用研究。虽然目前关于单位根检验与协整检验的方法很多，但是任何一种理论方法均有其不可消除的局限性，如传统的 ADF 检验始终受低检验势的困扰，PP 检验在小样本条件下存在严重的检验水平扭曲。另外，本书首次正式将时间尺度融入股市波动研究中，更有价值的是将不同的时间尺度与市场上的不同参与者联系起来，进而可通过分析不同时间尺度的股市波动来间接分析所对应市场参与者的投资决策行为。因此，研究具有不同时间尺度特征投资者行为间的关系，对把握股市波动规律十分必要。基于对股市波动这一视角的思考，本书并未沿袭 ARCH 族模型和 SV 模型的研究框架，而是创新性地应用具有多分辨分析功能和树状结构的小波域隐马尔可夫模型的结构，用于对我国股市波动规律的研究。研究过程取得很多阶段性成果：

第一，在单位根检验的方法论方面。本书在单位根检验的模型类别与检验统计量构建思想两个方面，拓展了 Fan 和 Gençay（2010）的单位根检验方法。因为 Fan 和 Gençay（2010）主要考虑的是不含漂移项的单位根的检验问题，他们的检验方法无法对含有漂移项的单位根进行有效检验，而本章所拓展的检验方法能对含有漂移项的单位根做出有效检验，在很大程度上弥补了 Fan 和 Gençay（2010）的局限。在具体构建检验统计量方面，与 Fan 和 Gençay（2010）中的策略完全不同的是，本书是以原序列的样本方差与其小波系数系列、尺度系数系列的样本方差之间耦合机制在原假设与备择假设下的差异为突破口，构造检验统计量 TXL_1，而 Fan 和 Gençay（2010）是利用原序列的总能量在小波系数与尺度系数序列分配比例在原假设中与备择假设中存在差异为抓手，构造检验统计量 FG_1。

比较而言，本书以样本方差耦合机制的差异构造检验统计量的基本策略，具有更强的可塑性，因为人们可根据这一思路在原假设与备择假设下寻找其他相异的耦合机制，构建其他检验统计量，不仅可用于单位根的检验，还可沿此路径检验其他问题。从信息利用充分性方面说，本章构造的检验统计量充分利用了原序列与小波系数与尺度系数序列的所有信息，而 Fan 和 Gençay（2010）只利用了小波系数与尺度系数序列的能量信息。在提出检验统计量 TXL_1 后，本书推导了其在原假设与备择假设下的大样本性质，证明的结果显示，在存有单位根的原假设下检验统计量 TXL_1 将弱收敛至两个标准维纳过程构成的泛函上，而在不存有单位根的备择假设下将强收敛至质点 0 处。检验统计量 TXL_1 的这一重要性质，决定了其必然有高的

检验势。本章后期的统计模拟的确显示了这一点，即使在小样本的条件下，TXL_1 仍有接近或高于90%的检验势。

第二，在协整检验的方法论与应用方面。通过对非平稳但同阶单整的多维时间序列结构的深入分析发现，不管多维时间序列 $\{y_t\}$ 在情形一 $E(\Delta y_t)=0$ 还是在情形二 $E(\Delta y_t)\neq 0$ 下，若要在小波域内检验各分量间的协整关系，那么对出自潜在协整模型残差平稳性的检验，选择不含常数数项的自回模型具有必然性；同时对协整检验应选用的潜在协整模型具体形式及其合理性进行了系统分析。为了达到起初设计的研究目标，即在小波域提出协整检验的技术，以完善和补充现有协整检验的技术体系，本书进一步开发了另一个检验统计量 TXL_1^*，并推导其大样本性质，理论证明发现，检验统计量 TXL_1^* 在原假设和备择假设下的收敛性质存在极大的差异，这一差异为其应用于协整检验时的检验功效提供了保障。并根据 Dickey 和 Fuller（1979）与 Phillips 和 Perron（1988）等的通行策略，通过大量的 Monte Carlo 模拟给出了统计量 TXL_1^* 用于伪回归协整检验的临界值。

6个随机实验被设计用于考察检验统计量 TXL_1^* 实际检验水平和检验势。模拟研究的结果显示其检验水平扭曲均非常小，表明检验统计量 TXL_1^* 的统计分布不受冗余参数 β' 的影响；而统计量 TXL_1^* 的检验势受样本容量影响比较大，在小样本 $T=100$ 的条件下检验势均比较低，但是随着样本容量的逐步增大，当样本容量达到 $T=1000$ 时，所有条件下的检验势均在70%以上。另外在名义显著水平10%条件下，检验统计量 TXL_1^* 在保持检验水平扭曲水平最低的同时，能大幅度地提高其检验势。鉴于此，在应用统计量 TXL_1^* 识别协整关系时，强烈建议采用名义显著水平10%，以便能在犯“拒真”和“纳伪”两类错误的概率间做出较好的权衡。最后，通过一个实际案例的研究，并在与经典 ADF 检验的比较中，证实了本书提出的小波域协整检验方法的有效性，同时从经验上证明了我国上海黄金市场与英国伦敦黄金市场间存在长期均衡关系，并为我国黄金市场未来的发展提供了一些政策建议。

第三，在小波域隐马尔可夫模型及其应用方面。股票市场中广泛具有短线投资者根据长线投资者的交易行为而执行相应交易的跟庄现象、长线和短线交易分别与不同的时间尺度相关联。因此，本书首先假定高尺度股价波动会影响低尺度的股价变化，而低尺度波动不会影响高尺度的股价波动。在此基础上，将股价波动细化为两种状态，即高波动状态和低波动状态，进而建立两种波动状态间的数量模型用于描述它们之间的关系。然而，对研究者而言，必须面临以下现实困境，就是不同时间尺度投资者的各自交易数据难以被同时获得，股价或市场股指的原始数据是研究人员唯一可被全面利用的。小波技术在近些年得到了迅猛发展，尤其是应用领域，其所具备的时域和频域两重性已在时间序列分析中受到极大的重视。其次，针对以上的分析与认知，同时根据小波分析所具有的多分辨能力，利用小波分析将股票市场波动序列进行多尺度分解。根据小波分解的基本原理，在技术上可将小波系数理解为时间序列的加权平均差分。因此，小波系数实质上测度了在不同时间尺度和不同时间点位上股票市场波动的变化。最后，利用小波域隐马尔可夫模型，建立不同时间尺度小波系数间的数量联系，从信息流动的角度考察不同长短期投资者交易行为间的关系。以我国股市 5 分钟的高频交易数据为素材，研究了股市波动信息沿时尺度流动的统计性质。结果表明波动信息在传导过程中有不对称性：大尺度的低波动触发一个大概率的小尺度低波动，但大尺度的高波动引起小尺度高波动的概率相对较小，且对这一结果的政策意义做了解释。

6.2 展望

小波分析自问世至今，时间并不算长，因此将其称作为一门新兴学科并不为过，而且相比其在信号处理、地质勘探、水文分析和生物医学等领域的应用，它在经济、金融方面的应用更是显得滞后。可喜的是，从近年的相关文献来分析，其在经济计量分析的作用被广泛关注，不管是在理论方面还是在应用方面均有快速发展的势头。

可以想象小波技术在经济计量领域的价值还有很多，有待后人去挖掘并加以应用。小波分析理论本身也存在许多方面需要完善，如一些具体算法、小波基的设计及其性质。还有小波神经网络克服了传统神经网络的一些缺陷，如神经元间对输入数会有重叠、训练算法的计算量大；网络结构缺乏多分辨分析机制等，被用于对经济、金融时间序列进行预测分析。小波神经网络的应用，有利于克服传统思想的束缚，从而更好地提高经济、金融时间序列的分析、预测精度。多维小波理论在经济、金融时序中的应用，正交性有限支持、对称性是小波分析中的重要性质。Daubechies 已经

证明了实系数单小波不可能同时具有这些性质，这限制了在经济和金融领域的广泛应用，然而多小波存在这些性质，它自然是一种更理想的分析多时序数据的工具，且多小波构造更为自由和易于定制。随着现代经济发展的复杂化，在经济和金融领域的信息将更复杂，怎样分析时间序列建模内部规则，以达到更好的预测效果，是计量工作者注重的热点方向。

鉴于笔者能力和精力的限制，本书中所做的工作还存在不足，很多问题还有待于深入：其一，在小波滤波器选择方面，笔者选取的 Harr 小波作为本书的小波滤波器，而 Harr 小波是一个最古老的小波，出现的时间最久。其实，现存的小波滤波器还有很多，有的具有对称性等优良性质，因此将其他小波替代 Harr 小波用作各类统计检验以及用在时间序列分析也许能取得许多更好的研究成果。其二，本书在构建小波域单位根检验和协整检验时，仅考虑了自回归模型的残差为白噪声序列，对残差项存在自相关和异方差的情况未加以研究。因此，这里面还有几个工作值得后续研究，包括如若残差项存在自相关，本书构建的检验统计量的大样本性质和有限样本性将发生什么变化；又假设残差项存在异方差性时，本书中提出检验方法还是否仍然有效，是否会因此多出冗余参数等。其三，本书在研究小波域协整检验时，仅对检验统计量 TXL_1^* 在协整向量已知时的大样本性进行了推导证明，虽大量 Monte Carlo 模拟给出了其用于伪回归协整检验的临界值，可保障其应用不受影响，但相对理论研究的完整性仍显有瑕疵。因此，当协整向量未知或残差序列仅来自某一估计时，检验统计量 TXL_1^* 大样本性质的证明仍是之后一项有意义的研究工作。

在本书的研究与撰写快接近尾声的时候，笔者不经意间发现在苦苦坚守的这几年间，仅做了一些微不足道的工作，即使这样不少地方仍显得粗糙。由于个人理论功底和文字能力有限，本书的部分研究内容和写作显得有些不够圆润，缺乏大师的博大和从容。不妥之处，请同行批评指正！

参考文献

［1］汪惠，王宁. 小波在经济数据分析中的应用［J］. 山西财经大学学报，2002（3）.

［2］马社祥，刘贵忠，曾召华. 基于小波分析的非平稳时间序列分析与预测［J］. 系统工程学报，2000（4）.

［3］郭秀花，林济南，曹务春等. 探讨基于小波分析的季节性时间序列预测模型［J］. 数理医药学杂志，2003（3）.

［4］吴学森，王洁贞，张娜. 小波分析在建立季节性趋势时间序列预测模型中的应用研究［J］. 数理医药学杂志，2005，18（3）.

［5］段西发，田铮，齐培艳. 无穷方差厚尾过程中非参数函数的小波估计［J］. 数理统计与管理，2010（2）.

［6］苏晓丽，田铮，袁芳. 协整回归残量平稳性的小波检验［J］. 数理统计与管理，2011（1）.

［7］彭选华，傅强，袁晨，何蛟. 多元 Copula 密度估计的小波局部阈值方法［J］. 数理统计与管理，2012（6）.

［8］齐培艳，田铮，段西发，袁芳. 异方差非参数回归模型均值与方差变点的小波估计与应用［J］. 系统工程理论与实践，2013（4）.

［9］韩璐，宏伟，韩立岩. 违约预测的小波结构模型研究［J］. 管理工程学报，2014（4）.

［10］齐培艳，段西发，田铮. 基于小波的非参数回归模型均值变点的 Bootstrap 监测［J］. 系统工程理论与实践，2014（10）.

［11］李智. 小波理论与经济金融时序应用研究［D］. 厦门大学博士学位论文，2007.

［12］丁晓牧，金施群，费业泰. 动态误差时间序列小波神经网络预测模型［J］. 合肥工业大学学报（自然科学版），2003，26（6）.

［13］方先明，唐德善. 基于小波网络的非线性经济时序预测模型

[J]. 河海大学学报（自然科学版），2004，3（5）.

［14］樊智，张世英. 非线性协整建模研究及沪深股市实证分析 [J]. 管理科学学报，2005，8（1）.

［15］杨立才，贾磊，孔庆杰. 基于粗集的正交小波网络预测模型研究 [J]. 系统工程与电子技术，2005（8）.

［16］张大斌，李红燕，刘肖，张文生. 非线性时间序列的小波——模糊神经网络集成预测方法 [J]. 中国管理科学，2013（2）.

［17］潘春花，孙燕，朱存. 太阳黑子活动周期特征的神经网络和小波分析 [J]. 计算机技术与发展，2016（3）.

［18］李发东，宋献方，张秋英等. 太行山山前平原降水量特征及其分布的小波分析——以栾城为例 [J]. 应用气象学报，2005（3）.

［19］梁强，范英，魏一鸣. 基于小波分析的石油价格长期趋势预测方法及其实证研究 [J]. 中国管理科学，2005（2）.

［20］张新红. 正交尺度小波网络及在非线性经济系统预测中的应用 [J]. 运筹与管理，2002（6）.

［21］胡俊胜，肖冬荣，夏景明. 基于小波神经网络的经济预测研究 [J]. 统计与决策，2005（3）.

［22］万星，丁晶，张晓丽. 基于小波网络的电力负荷非参数估计模型分析 [J]. 中国农村水利水电，2005（12）.

［23］李全亮，李怀祖. 正交尺度小波网络在我国税收预测中的应用 [J]. 系统工程理论方法应用，2006（1）.

［24］杨海达，周勇. 小波分析印花税调整对股市成交量的影响 [J]. 数理统计与管理，2010（2）.

［25］杨天宇，黄淑芬. 基于小波降噪方法和季度数据的中国产出缺口估计 [J]. 经济研究，2010（1）.

［26］刘斌，董勤喜. 小波建模和预测及其在中国货币乘数中的应用 [J]. 应用数学和力学，1999（8）.

［27］杨可苹. 基于小波神经网络的高炉炉温预报模型研究 [D]. 浙江大学硕士学位论文，2006.

［28］王佳星. 基于小波分析的中国股市相关性研究 [D]. 东北大学硕士学位论文，2010.

［29］王哲，王春峰，顾培亮. 小波分析在股市数据分析中的应用

[J]. 系统工程学报，1999 (9).

[30] 胡柏炅. 时频分析的 Hilbert-Huang 变换及小波方法 [D]. 华东师范大学硕士学位论文，2008.

[31] 李海奇. 基于小波方法的中国股票市场波动多尺度研究 [D]. 湘潭大学硕士学位论文，2007.

[32] 徐梅，张世英. 基于小波分析的金融波动分析 [J]. 系统工程理论与实践，2005 (2).

[33] 徐梅. 金融波动分析的小波和频域方法研究 [D]. 天津大学博士学位论文，2012.

[34] 叶青，韩立岩. 奇异点检测的小波方法在证券市场中的应用 [J]. 统计研究，2012 (3).

[35] 黄暄. 基于小波分析的国际油价波动对中国宏观经济的影响研究 [D]. 中国地质大学（北京）博士学位论文，2015.

[36] 庞贞燕，刘磊. 期货市场能够稳定农产品价格波动吗——基于离散小波变换和 GARCH 模型的实证研究 [J]. 金融研究，2013 (11).

[37] 张林，李荣钧，刘小龙. 基于小波领袖多重分形分析法的股市有效性及风险检测 [J]. 中国管理科学，2014 (6).

[38] Mallat S. G. 信号处理的小波导引 [M]. 杨力华等译. 北京：机械工业出版社，2002.

[39] Daubechies I. 小波十讲 [M]. 李建平，杨万年译. 北京：国防工业出版社，2004.

[40] Donald B.，Percival Andrew T.，Walden. 对时间序列分析的小波方法 [M]. 程正兴译. 北京：机械工程出版社，2006.

[41] 陆懋祖. 高级时间序列经济计量学 [M]. 北京：北京大学出版社，2015.

[42] 赵松山，白雪梅. 趋势平稳与带常数项单位根过程的区别研究 [J]. 浙江工业大学学报，2003 (6).

[43] 朱慧明，韩玉启. 随机误差序列自相关的贝叶斯诊断及其单位根检验 [J]. 江南大学学报（自然科学版），2003 (1).

[44] 李志宏. 面板数据单位根检验的一个简明蒙特卡洛实验框架 [J]. 数量经济技术经济研究，2004 (11).

[45] 张晓峒，白仲林. 退势单位根检验小样本性质的比较 [J]. 数量

经济技术经济研究，2005（5）.

［46］彭作祥，庞皓. 具有 GARCH-skew-t 误差项的时序的单位根检验［J］. 数理统计与管理，2005（6）.

［47］杨继生，王少平，艾春荣. 工具变量法综列单位根检验的有偏性及其修正［J］. 数量经济技术经济研究，2006（2）.

［48］黎实，彭作祥. 泛函中心极限定理渐进性与具有 GARCH 误差项的金融时序单位根检验［J］. 数量经济技术经济研究，2006（10）.

［49］肖燕婷，田铮. 周期异方差时间序列中季节单位根的 Gauss 检验［J］. 系统工程理论与实践，2006（8）.

［50］聂巧平. 单位根检验统计量 M^GLS 的有限样本性质与应用［J］. 数量经济技术经济研究，2007（4）.

［51］刘田. ADF 与 PP 单位根检验法对非线性趋势平稳序列的伪检验［J］. 数量经济技术经济研究，2008（6）.

［52］史代敏，刘田. 基于奇异值分解去势的非线性趋势序列单位根检验研究［J］. 统计研究，2009（4）.

［53］赵春艳. 平滑转换自回归模型中线性检验与单位根检验问题研究［J］. 数量经济技术经济研究，2010（7）.

［54］陈海燕，杨宝臣. 基于 LSTR 模型的变结构面板单位根检验［J］. 系统管理学报，2011（1）.

［55］李勇，孙瑞博，王贵银. 厚尾金融时间序列的贝叶斯单位根检验［J］. 数理统计与管理，2012（1）.

［56］吴鑑洪，张淦. 兼具截面相依性和重尾性面板单位根检验方法研究及应用［J］. 数量经济技术经济研究，2013（8）.

［57］左秀霞. 趋势平稳过程与单位根过程的趋势特征研究［J］. 统计与信息论坛，2014，29（2）.

［58］陶长琪，江海峰. 单位根检验中的 Wald 检验量研究：Bootstra 法 VS 临界值法［J］. 系统工程理论与实践，2014（5）.

［59］杨子晖，柯烁佳，赵永亮. 第二代面板单位根检验方法有限样本性质的比较研究［J］. 数量经济技术经济研究，2015（12）.

［60］王泽宇，李智，徐鹏. 整数值时间序列模型单位根检验问题研究［J］. 统计研究，2016（8）.

［61］陈惠芳. 国内外黄金市场价格的联动性及联动特征研究［D］. 中

国海洋大学硕士论文，2011.

[62] 傅瑜. 近期黄金价格波动的实证研究 [J]. 产业经济研究，2004 (1).

[63] 郑秀田. 基于 GARCH 类模型的我国黄金市场波动特征研究 [J]. 中国物价，2009 (10).

[64] 刘军，麦勇，陆蓓蓉. 国际黄金期货交易是否存在联动效应？——来自上海，纽约黄金期货交易数据的实证检验 [J]. 中国证券期货，2010 (12).

[65] 温博慧. 黄金价格波动性及其演化：以上海和伦敦市场为例 [J]. 商业研究，2010 (1).

[66] 贾尚晖，兰盈. 中国对国际黄金价格影响的实证分析：基于 Lasso 回归方法 [J]. 中央财经大学学报，2015 (S1).

[67] 刘杰. 国际黄金市场分析与中国黄金市场发展研究 [J]. 黄金，2016 (9).

[68] 何建敏，朱林，常松. 中国股票市场价格波动的尺度特性 [J]. 中国管理科学，2003 (1).

[69] Box G. E. P., Jenkins G. M.. Time series analysis: Forecasting and control [M]. Prentice Hall: Englewood Cliffs, New Jersey, 1970.

[70] Choi I., Phillips P. C. B. Testing for a unit root by frequency domain regression [J]. Journal of Econometrics, 1993, 59 (3).

[71] Breitung J., Candelon B.. Testing for short- and long-run causality: A frequency-domain approach [J]. Journal of Econometrics, 2006, 132 (2).

[72] Chen Y. H., Hsu N. J.. A frequency domain test for detecting nonstationary time series [J]. Computational Statistics and Data Analysis, 2014, 75 (6).

[73] Chambers M. J., Ercolani J. S. and Taylor A. M. R.. Testing for seasonal unit roots by frequency domain regression [J]. Discussion Papers, 2010, 178 (1).

[74] Gabor D.. Theory of communication. Part 1: The analysis of information [J]. Journal of the Institution of Electrical Engineers - Part Ⅲ: Radio and Communication Engineering, 1946, 93 (26).

[75] Ramsey J. B., Zhang Z.. The analysis of foreign exchange data using

waveform dictionaries [J]. Journal of Empirical Finance, 1995, 4 (4).

[76] Gençay R., Selçuk F., Whitcher B.. An introduction to wavelets and other filtering methods in finance and economics [M]. Academic Press, 2002.

[77] Ramsey J. B.. Wavelets in economics and finance: past and future [J]. Studies in Nonlinear Dynamics & Econometrics, 2007, 6 (3).

[78] Neumann M. H., Von Sachs R.. Wavelet thresholding in anisotropic function classes and application to adaptive estimation of evolutionary spectra [J]. The Annals of Statistics, 1997, 25 (3).

[79] Von Sachs R., Neumann M. H.. A wavelet-based test for stationarity [J]. Journal of Time Series Analysis, 2000, 21 (5).

[80] Abry P., Veitch D., Flandrin P.. Long-range dependence: Revisiting aggregation with wavelets [J]. Journal of Time Series Analysis, 1998, 19 (3).

[81] Abry P. and Veitch D.. Wavelet analysis of long-range-dependent traffic [J]. Ieee Transactions on Information Theory, 1998, 44 (1).

[82] Abry P., Flandrin P., Taqqu M. S. and et al. Self-similarity and long-range dependence through the wavelet lens [J]. Theory and Applications of Long-Range Dependence, 2003, 58 (3).

[83] Stoev S., Taqqu M. S.. Asymptotic self - similarity and wavelet estimation for long-range dependent fractional autoregressive integrated moving average time series with stable innovations [J]. Journal of Time Series Analysis, 2005, 26 (2).

[84] Donoho D. L., Johnstone I. M. Minimax estimation via wavelet shrinkage [J]. The Annals of Statistics, 1998, 26 (3).

[85] Brillinger D. R.. Some asymptotics of wavelet fits in the stationary error case [R]. Technical Report 415, Department of Statistics, University of California, Berkeley, 1994.

[86] Neumann M. H., Von Sachs R.. Wavelet thresholding: Beyond the gaussian i. i. d. situation [J]. Lecture Notes in Statistics, 1995 (103).

[87] Wang Y.. Function estimation via wavelet shrinkage for long-memory data [J]. The Annals of Statistics, 1996 (24).

[88] Johnstone L. M., Silverman B. W.. Wavelet threshold estimators for data with correlated noise [J]. Journal of the Royal Statistical Society: Series B

(Statistical Methodology), 1997, 59 (2).

[89] Johnstone L. M.. Wavelet shrinkage for correlated data and inverse problems: Adaptivity results [J]. Statistica Sinica, 1999 (9).

[90] Sachs R. V., Macgibbon B.. Non-parametric curve estimation by wavelet thresholding with locally stationary errors [J]. Scandinavian Journal of Statistics, 2000, 27 (3).

[91] Dahlhaus R.. Fitting time series models to non-stationary processes [J]. The Annals of Statistics, 1997 (25).

[92] Zhou M. and et al. Wavelet analysis based ARIMA hourly electricity prices forecasting approach [J]. Power System Technology, 2005, 41 (3).

[93] Ramsey J. B., Zaslavsky G., Usikov D.. An analysis of U. S. stock price behavior using wavelets [J]. Fractals, 1995 (2).

[94] Capobianco E.. Multiscale analysis of stock index return volatility [J]. Computational Economics, 2004, 23 (3).

[95] Kim J. H.. Wavelet decomposition of relationship between real exchange rates and real interest differentials [D]. University of Missouri - Columbia, May, 2001.

[96] Dickey D. A.. Estimation and hypothesis testing in non-stationary time series [J]. Journal of Stochastics, 1976, 1 (1).

[97] Dickey D. A., Fuller W. A.. Distributions of the estimators for autoregressive time series with a unit root [J]. Journal of American Statistical Association, 1979 (74).

[98] Phillips P. C. B., Perron P.. Testing for a unit root in time series regression [J]. Biometrica, 1988 (75).

[99] Granger C. W. J., Engle R. F.. Econometric forecasting: A brief survey of current and future techniques [J]. Climatic Change, 1987, 11 (1).

[100] Johansen S.. Statistical analysis of cointegration vectors [J]. Journal of Economic Dynamics and Control, 1988 (12).

[101] Albert B., Francis J. N.. A first course in wavelets with Fourier analysis [M]. 北京：电子工业出版社，2002.

[102] Fuller W. A.. An introduction to statistical time series, 1st edition, New York: John Wiley, 1976.

[103] Dickey D. A., Fuller W. A.. Likelihood ratio statistics for autoregressive time series with a unit root [J]. Econometrica, 1981, 49 (4).

[104] Perron P.. The Great Crash, the oil price shock and the unit root hypothesis [J]. Econometrica, 1989 (57).

[105] Kwiakowski D., and et al. Testing the null hypothesisof stationarity against the alternative of a unit root: How sure are we that economic time series have a unit root [J]. Journal of Econometrics, 1992 (54).

[106] Nelson C., Plosser C. I.. Trends and random walks in macroeconomic time series [J]. Journal of Monetary Economics, 1982 (10).

[107] Phillips, P. C. B.. Time series regression with a unit root [J]. Econometrica, 1987 (55).

[108] Zivot E., Andrews D. W. K.. Further evidence on the great crash, the oil price shock and the unit root hypothesis [J]. Journal of Business & Economic Statistics, 1992 (10).

[109] Elliott G., Rothenberg T. J., Stock J. H.. Efficient tests for an autoregressive root [J]. Econometrica, 1996 (64).

[110] Said S. E., Dickey D. A.. Testing for unit roots in autoregressive-moving average models of unknown order [J]. Biometrika, 1984 (71).

[111] Schwert G. W.. Effects of model specification on tests for unit roots in macroeconomic data [J]. Journal of Monetary Economics, 1987 (20).

[112] Schwert, G. W.. Tests for unit roots: A Monte Carlo investigation [J]. Journal of Business and Economic Statistics, 1989 (7).

[113] Pantula S. G., Gonzalez Farias G., Fuller W. A.. A comparison of unit root test criteria [J]. Journal of Business and Economic Statistics, 1994 (12).

[114] Pantula S. G.. Asymptotic distributions of unit-root tests when the process is nearly stationary [J]. Journal of Business & Economic Statistics, 1991, 9 (1).

[115] Rudebusch G. D.. Trends and random walks in macro-economic time series: A re-examination [J]. International Economic Review, 1992 (33).

[116] Bai J., Perron P.. Computation and analysis of multiple structural-change Models [C]. Universite de Montreal, Departement de Sciences Economi-

ques, 1998.

[117] Perron P., Bai J.. Estimating and testing linear models with multiple structural changes [C]. Universite de Montreal, Departement de Sciences Economiques, 2000.

[118] Bai J. and Perron P.. Multiple structural change models: A simulation analysis [J]. Journal of Applied Econometrics, 2003, 18 (1).

[119] Banerjee A., Lumsdaine R. L., Stock J. H.. Recursive and sequential tests of the unit-root and trend-break hypotheses: theory and international evidence [J]. Journal of Business & Economic Statistics, 1992, 10 (3).

[120] Perron P., Vogelsang T. J.. Nonstationarity and level shifts with an application to purchasing power parity [J]. Journal of Business & Economic Statistics, 1992, 10 (3).

[121] Lumsdaine R., Papell D.. Multiple trend breaks and the unit-root hypothesis [J]. Review of Economics and Statistics, 1997 (79).

[122] Perron P., Zhu X.. Structural breaks with deterministic and stochastic trends [J]. Journal of Econometrics, 2005 (129): 1-2.

[123] Kim D., Perron P.. Unit root tests allowing for a break in the trend function at an unknown time under both the null and alternative hypotheses [J]. Journal of Econometrics, 2009, 148 (1).

[124] Sargan J. D., Bhargava A.. Maximum likelihood estimation of regression models with first order moving average errors when the root lies on the unit circle [J]. Econometrica, 1983, 51 (3).

[125] Choi I., Phillips P. C. B.. Testing for a unit root by frequency domain regression [J]. Journal of Econometrics, 1993, 59 (3).

[126] Bhargava A.. Testing residuals from least squares regression for being generated by the gaussian random walk [J]. Econometrica, 1983 (51).

[127] Schmidt P., Phillips P. C. B.. LM tests for a unit root in the presence of deterministic trends [J]. Oxford Bulletin of Economics and Statistics, 1992, 54 (3).

[128] Hamilton J. D.. Time Series Analysis [M]. Princeton, NJ: Princeton University Press, 1994.

[129] Newey W. K., West K. D.. Hypothesis Testing with Efficient Method

of Moments Estimation [J]. International Economic Review, 1987, 28 (3).

[130] Andrews D. W. K.. Heteroskedasticity and autocorrelation consistent covariance matrix estimation [J]. Econometrica, 1991 (59).

[131] MacKinnon J. G.. Computing numerical distribution functions in econometrics [C]. High Performance Computing Systems and Applications. Springer U. S, 2002.

[132] Schwert G. W.. Why does stock market volatility change over time? [J]. The Journal of Finance, 1989, 44 (5).

[133] Kim K., Schmidt P.. Unit root tests with conditional heteroskedasticity [J]. Journal of Econometrics, 1993, 59 (3).

[134] Newbold P.. Spurious regressions in econometrics [J]. Journal of Econometrics, 1974 (2).

[135] Granger C. W. J.. Some properties of time series data and their use in econometric model specification [J]. Journal of Econometrics, 1981, 16 (1).

[136] Engle R. F., Granger C. W. J.. Co-integration and error correction: representation, estimation, and testing [J]. Econometrica, 1987.

[137] Johansen S.. Statistical analysis of cointegration vectors [J]. Journal of Economic Dynamics and Control, 1988 (12): 2-3.

[138] Stock J. H., Watson M. W.. Testing for common trends [J]. Journal of the American statistical Association, 1988, 83 (404).

[139] Phillips P. C. B., Durlauf S. N.. Multiple time series regression with integrated processes [J]. The Review of Economic Studies, 1986, 53 (4).

[140] Stock J. H.. Asymptotic properties of least squares estimators of cointegrating vectors [J]. Econometrica, 1987 (5).

[141] Hansen B. E.. Efficient estimation and testing of cointegrating vectors in the presence of deterministic trends [J]. Journal of Econometrics, 1992, 53 (1).

[142] Akgiray V. and et al. Conditional dependence in precious metal prices [J]. Financial Review, 1991, 26 (3).

[143] Sjaastad L. A.. Scacciavillani F. The price of gold and the exchange rate [J]. Journal of international Money and Finance, 1996, 15 (6).

[144] Panas E.. Long memory and chaotic models of prices on the London

Metal Exchange [J]. Resources Policy, 2001, 27 (4).

[145] Mirmirani S., Li H. C.. Gold price, neural networks and genetic algorithm [J]. Computational Economics, 2004, 23 (2).

[146] Mills T. C.. Statistical analysis of daily gold price data [J]. Physica A: Statistical Mechanics and its Applications, 2004, 338 (3).

[147] Parisi A., Parisi F., Díaz D.. Forecasting gold price changes: Rolling and recursive neural network models [J]. Journal of Multinational Financial Management, 2008, 18 (5).

[148] Tully E., Lucey B. M.. A power GARCH examination of the gold market [J]. Research in International Business and Finance, 2007, 21 (2).

[149] Batten J. A., Ciner C., Lucey B. M.. The macroeconomic determinants of volatility in precious metals markets [J]. Resources Policy, 2010, 35 (2).

[150] Shafiee S., Topal E.. An overview of global gold market and gold price forecasting [J]. Resources Policy, 2010, 35 (3).

[151] Wang Y., Wei Y., Wu C.. Analysis of the efficiency and multifractality of gold markets based on multifractal detrended fluctuation analysis [J]. Physica A: Statistical Mechanics and its Applications, 2011, 390 (5).

[152] Dacorogna M. and et al. An introduction to High-Frequency Finance [M]. San Diego: Academic Press, 2001.

[153] Müller U. and et al. Volatilities of different time resolutions - analyzing the dynamics of market component [J]. Journal of Empirical Finance, 1997, 4 (2).

[154] Zumbach G.. Time reversal invariance in finance [J/OL]. http: //ssrn. com/abstract=1004992, 2007-06-18.

[155] Borland L. and et al. The dynamics of finance markets-Mandelbrot's multifractal cascades and beyond [J/OL]. http: //arxiv. org/pdf/cond-mat, 2008-05-03.

[156] Gencay R. et al. Asymmetry of information flow between volatilities across time scales [J]. Quantitative Finance, 2010 (8).

[157] Grimmett G. R., Stirzaker D. R. Probability and random processes (3st edition) [M]. Oxford: Oxford University Press, 2001.

[158] Zucchini W., Macdonald I. L.. Hidden Markov models for time series [M]. CRC Press, 2009.

[159] Jordan M. I. Graphical models [J]. Statistical Science, 2004.

[160] Donoho D. L. . Denoising by soft thresholding [J]. IEEE Trans on Information Theory, 1995, 41 (3).

[161] Hall P. and et al. Block threshold rules for curve estimation using kernel and wavelet methods [J]. Annal of Statistics, 1998, 26 (3).

[162] Chang S., Yu B., Vettcrli M.. Adaptive wavelet thresholding for image de-noising and compression [J]. IEEE Transactions on Image Processing, 2000, 9 (9).

[163] Salder B. M., Swami A.. Analysis of multiscale products for step detection and estimation [J]. IEEE Transactions or Information. Theary, 1999, 45 (4).

[164] Banham M. R., Katsaggelos A. K.. Spatianlly adaptive wavelet-based multi-scale image restoration [J]. IEEE Trans. Image Processing, 1996, 5 (4).

[165] Crouse M., Nowak R., Baranniuk R.. Wavelet-based statistical signal processing using hidden Markov models [J]. IEEE trans. Signal Process, 1998 (2).

[166] Liu J., Moulin P.. Information-theoretic analysis of interscale and intrascale dependencies between image wavelet coefficients [J]. IEEE Trans. Image Processing, 2001, 10 (1).

[167] Rabiner L.. A tutorial on hidden Markov models and selected applications in speech recognition [J]. Proceedings of the IEEE, 1989 (2).

[168] Engle R. F.. Autoregressive conditional heteroscedasticity with estimates of the variance of United Kingdom inflation [J]. Econometrica, 1982.

后　记

光阴似箭，转眼博士入学已有几年，博士生涯也即将结束，其间有过辛酸、疲劳和痛苦，也有过快乐、欣慰和满足。回味过去，内心充满的是对培养单位的感恩和对各位恩师、亲人和同学的深深谢意。

我要非常感谢我的恩师——李志强教授。几年前，李老师接收我成为他的开门博士生弟子，使我有机会继续深造。读博过程中，李老师经常找时间和我进行学术讨论，李老师对前沿问题敏锐的洞察力，且善于激励学生，对我的论文写作产生了深刻的影响。正是得益于李老师的悉心指导，论文才得以顺利完成。另外，李老师还关心我的日常生活和家庭情况，帮助我解决生活中遇到的一些困难，在这里感激不尽。

特别感谢我院院长罗良清教授，以及我院罗世华教授、陶长琪教授、曹俊文教授、李海东教授、魏和清教授、刘小瑜教授为我们讲授博士课程，使我有机会聆听他们的教诲。更感谢他们对我的论文选题的指导和对我的勉励。感谢其他学院的授课老师，感谢胡芳老师、顾勇老师、刘芳老师、贾晓天老师、张莉老师等，谢谢各位老师。

感谢胡晓琳师姐、杨海文师兄对我的帮助；感谢李燕辉、周燕芳、刘志红、许可四位同学，三年来我们的同窗苦读，一起上课、一起讨论问题的情景历历在目；感谢一起入学的周璇、宋晓薇同学。感谢六位同学的鼓励与帮助，正是大家的互相鼓劲，才使学业得以顺利完成。

感谢父母的养育之恩，如今父母已老，但因这几年学习，很少能陪伴他们左右，在他们面前尽孝。希望他们晚年身体健康、生活幸福。感谢我的哥哥、嫂子、姐姐、姐夫对我的学业和我们家庭的关心和支持，在此，祝愿他们身体健康、工作顺利。

我要特别感谢我的爱人徐海云。每当我处于困境时，他都会给予我鼓励和帮助，为我排忧解难；感谢他包容我的缺点，为我提供一个温馨的港湾，感谢他为我带来的幸福与快乐，也感谢他为我们这个家庭所做的一

切，祝愿我们以后的生活更加幸福。感谢我的一双儿女，正因为有了他们，才让我们的生活增添了无穷的乐趣和幸福感。祝愿他们健康、快乐地成长。

涂雄苓

2019 年 5 月 8 日